中学生からの頭がよくなる勉強法

永野数学塾塾長
永野裕之 Nagano Hiroyuki

PHP

中学生からの頭がよくなる勉強法

はじめに

最初に、この本を手に取ってくれたことを感謝します。

本書は、タイトル通り、中学生の皆さんに向けて「頭がよくなる勉強法」を書いた本です。

<u>そもそも「頭がいい人」というのはどういう人のことを言うと思いますか？</u>

漢字をたくさん知っている人、計算が早い人、物知りな人、学校のテストで良い点を取ってきた人……などをイメージするかもしれませんね。でも僕はどれも違うと思っています。僕がいう「頭がいい人」とはずばり

自分の頭で考えられる人

です。

これまであなたは親や先生を通して、あるいは教科書などを通して「正しいこと」を学んできたと思います。人に迷惑をかけてはいけない、ものを盗んではいけない、といった人としての基本から始まり、小学校に入ってからは計算の方法や公式、漢字などを習いましたね。また社会の仕組みや科学現象についてもある程度の知識はあることでしょう。

こういった「正しいこと」は、人間として社会で生きるためのキホンの「キ」であり、これらについての共通の認識（常識とも言います）が欠けていると、社会の中で生きづらくなってしまいます。だからこそ大人はあなたたちに「正しいこと」を疑う余地のないこととして教え込んできましたし、学校の成績はその成果を測るためのものでした。少なくとも小学校までは「学校の成績がいい＝正し

いことをたくさん知っている」と言うことができるでしょう。

　もちろん、「正しいこと」をたくさん知っているということはそれだけ努力をしてきた証ですから素晴らしいことです。そこにケチをつけるつもりは毛頭ありません。

　しかし、これからは大人が教える「正しいこと」を知っているだけでは不十分です。
　中学から高校、大学と進学していくにつれて「正しいこと」を知っているだけでは点数が取れなくなっていきます。**なぜなら社会全体が「正しいこと」を知っているだけの人間より、自分の頭で考えられる人間を欲しているからです。**

　男女で多少の差はありますが、中学生というのは、たいてい反抗期の真っ最中だと思います。反抗期の子どもが大人の言うことに対して反発したくなる理由の1つは、正しいと信じてきた親や先生の言動の中に矛盾や嘘や間違いを見つけるからでしょう。これまでは見えなかった大人のアラが見えてしまうわけですね。もしかしたらあなたは今、世の中に「正しいこと」なんてほとんどないんじゃないかという気さえして、絶望的な気分になっているかもしれません。
　でも、裏を返せばそれは、自分の頭で考える準備ができた証です。**今こそ、あなたは自分の頭で考え、自ら「正しいこと」を発見するための訓練（トレーニング）を始めるべきです。**
　そして、自分の頭で考えることができるようになったら、是非とも大人の間違いを正してください。真実を見つけ、それを社会に活かせるよう、わかりやすく他人に伝えるための表現力も磨いてください。それがこの世に生を受けた人としてのあなたの責任です。繰

り返しますが、そういう人を社会は欲しています。

　もちろん簡単なことではありません。

「これからは自分の頭で考えよう！」

と決意を新たにしたとしても、すぐにはできないでしょう。また、ただガンバルだけでは、努力が空回りしてしまう危険もあります。
　だからこそ、僕はこの本の筆を取りました。
　学校の勉強を通して、「頭がよくなる訓練＝自分の頭で考えられるようになる訓練」がもっとも効率よくできるように、僕が持つノウハウを詰め込んだつもりです。

　……と、ここまでを読んでくれた人の中には、もしかしたら

「そんなこと言っても、結局『頭のよさ』なんて生まれつきでしょ。僕（私）はもともと頭が悪いから、自分の頭で考えるなんてできないよ」

と、考えてしまう人がいるかもしれませんね。
　安心してください。

「頭がよくなる勉強法」なんて本を書かせてもらう僕自身、決して秀才タイプでは（もちろん天才タイプでも）ありません。

　自分の中学生時代を振り返ると、「NASAに入りたい」という夢はあって、やる気だけはそこそこありましたが、実際にはどうした

らよいかまったく見当がつかず、成績はまあひどいものでした。テストで平均点以下を取ることはざらにありましたし、高校時代、ある科目でクラスビリになったこともあります……。

　でも、結果的には東京大学の理科Ⅰ類に合格し、理学部の地球惑星物理学科に進学して、大学院では宇宙科学研究所（現JAXA）で学ぶことができました。

　なぜそんなことが可能だったのでしょうか？　それは僕が試行錯誤をしながらも

この本に書いた勉強法を身につけた

からです。

　僕はこれまで、「永野数学塾」という個別指導塾の塾長として、僕と同じような成績（あるいはもっとひどい成績）の生徒さんを何人もクラストップや学年トップの成績に押し上げてきました。大学受験においては東大や医学部などに多数の合格者も出しています。

　さあ、今度はあなたの番です。

　僕がこれから紹介する勉強法を身につけて是非とも自分の頭で考えられる「頭のいい人」になってください。

　前置きはこれくらいにして、始めましょう。

　僕にはあなたの顔は見えませんが、目の前にあなたがいるようなつもりで、そして、あなたの中に僕の期待を上回る知性と感性が育ってきていることを信じて、1つずつ丁寧（ていねい）に書いていきます。

　まずは「勉強をする理由」から！

保護者の皆様へ

　本書を手に取っていただきありがとうございます。

　本書は中学生のお子さん本人に読んでいただくことを念頭に書かれています。

　私がこの本の中でお伝えしたいことは、「はじめに」にもあります通り、「自分の頭で考えられる力」を身につけるための心構え（第2章）や技術（第3章）についてです。それらはもちろん学力に直結します。

　また、多くのお子さんや親御さんの関心が高い「やる気を引き出す方法」（第1章）や、数学を中心とした科目別の勉強法（第4章）についても多くの紙面を割きました。

　中学生には平成24年度から実施されております現行の指導要領においても、「自分の頭で考えられる力」には大きな重点が置かれています。従来の評価の中心であった知識や技能よりも、思考力、観察力、表現力の3つの力が特に重要視されるようになりました（文部科学省ではこれらをまとめて「生きる力」と称しています）。これを反映し、知識偏重気味のセンター試験が平成31年に廃止されることになったのは既報の通りです。

　大学入試制度がドラスティックに変化していく中で、ゆとり教育は言うにおよばず、詰め込み教育も成果をあげることはできなくなるでしょう。それは、情報化社会の現代においては顕著な価値観の多様化や変化のスピードと無関係ではありません。

　これからは、今まで以上に「自分の頭で考えられる力」が求められる時代になります。

　自分の頭で考えられる力とはすなわち、自分の足で立つ力です。本

書を読んでくれるお子さんの保護者の皆様に私がお願いしたいのは、お子さんの自立を温かく見守っていただきたいということです。

　私はこれまで、親御さんが手を放さないばかりに成績が低迷する生徒さんをとてもたくさん見てきました。そういうご家庭には、私はいつも親御さんにお子さんの勉強から（少なくとも表面上は）手を引いていただくことをお願いしています。そして、これを実践して頂いたご家庭では例外なく良い結果が出ています。

　もちろんご心配もあるでしょう。つい手を差し伸べてみたくなるお気持ちも（私も人の親なので）よくわかります。でも、そこはお子さんを信じて、ぐっと我慢してください。
　これまでの20年以上にわたる個別指導の経験を懸けて断言いたします。どのお子さんも必ず「やる気の芽」と驚くほどのポテンシャルを持っています。
　でもそれを引き出せるのは、まわりの大人ではありません。本人だけです。本書を通してそのためのお手伝いができれば筆者としてこれ以上の喜びはありません。

永野数学塾 塾長　永野裕之

中学生からの頭がよくなる勉強法　目次

はじめに——2

第1章 「やる気」を引き出すために知っておくべきこと

1. 勉強をする理由——12
2. あなたが持っている『やる気の種』——18
3. 4つの「やる気スイッチ」——25
4. やる気になるための『わかる』とは——34
5. 『わかる』の次にすべきこと——41
6. トップアスリートに学ぶセルフ・コントロール——49
7. 勉強で一番大事なこと＝楽しむこと——56

第2章 心構え編
学力を伸ばすために知っておくべきこと

1 学力が伸びるために必要な3つの要素 —— 64
2 勉強＝暗記ではない —— 71
3 目標を達成する方法 —— 78
4 教わり上手な子の3つの特徴 —— 85
5 読書のススメ —— 95

第3章 技術編
学力を伸ばすために知っておくべきこと

1 中学生からのノート術 —— 104
2 アクティブに学ぶ〜 調べる〜 —— 110
3 記憶の種類とポイント —— 117

4 永野式記憶法(1)〜ストーリー記憶法〜 —— 124

5 永野式記憶法(2)〜メモリーツリー〜 —— 130

第4章 教科別勉強法 〜数学を中心に〜

1 数学の勉強法(1)〜中学1年生編〜 —— 140

2 数学の勉強法(2)〜中学2年生編〜 —— 149

3 数学の勉強法(3)〜中学3年生編〜 —— 165

4 数学の勉強法(4)
　〜数学の成績が上がりづらい理由〜 —— 179

5 英語の勉強法 —— 186

6 理科の勉強法 —— 196

おわりに —— 206

ブックデザイン：小口翔平＋岩永香穂(tobufune)　DTP・図版：宇田川由美子

第 1 章

「やる気」を引き出すために知っておくべきこと

勉強をする理由

「なんで勉強なんてしなくちゃいけないの?」

と、疑問に思ったことはありませんか?
　親に言われたから?
　学校の先生に叱られるから?
　皆やっているから?
　いい高校に入るため?
　いい大学に入るため?
　いい会社に入るため?
　たくさんお金を稼ぐため?
　……

　僕から言わせると、これらはどれも勉強をする「本当の理由」ではありません。

　勉強は未来の可能性を拡げるためにするものです。

　将来、どんな夢でも叶えられるようにするためだと言い換えてもいいでしょう。

　あなたにはなにか夢がありますか?
　もし、ある!と答えられるのならそれは素晴らしいことです。ぜ

ひ大切に育てていってください。でも、「将来のことなんてまだ考えられないよ」というあなたも心配はいりません。中学生としてそれはむしろ、自然なことです。

　小学生の頃に持っていた「将来の夢」は、子どもらしい純粋さと無邪気な大胆さもあって、素敵なものです。ただ、だれもが総理大臣やプロ野球の選手やアイドルになれるわけではありません。

　中学生というのは（＝思春期というのは）世の中の現実と自分自身を擦り合わせていく時期ですから、幼い頃からの夢に現実味がなかったことに気づいてしまうのは当たり前のことなのです。例え今は夢がなくても、夢はひょんなことから突然に、それも意表をつくタイミングでやってきます。必ず来ます。ただし、

「新しい夢」が現実のものになるためには、
あなたに夢を迎える準備ができていなければなりません。

　例えば、あなたが小学生の頃からプロ野球選手を目指していて、高校生になるまで勉強は二の次、三の次で野球漬けの毎日を送るとしましょう。あなたの頭には甲子園に出て活躍をし、ドラフトで指名されてプロになるイメージがすっかり出来上がっているかもしれませんね。そのイメージの中で勉強も並行して頑張ることは簡単なことではないでしょう。

　でも、（残念なことに）あなたはどこかのタイミングで「プロになるのは無理そうだ」と思い知らされる現実をつきつけられてしまうかもしれないのです。

　プロ野球の選手になるためには、努力だけではどうしようもない、生まれ持った体格や身体能力がおそらく必要です。今は体がどんどん大きくなっている時期でしょうからそういったこともあまり

気にならないかもしれませんが、高校生になって成長が落ち着いてきた頃にまわりを見て圧倒的な体格の差や運動能力の違いに失望する可能性は否定できないと思います。

あるいは、怪我をして入院した病院で出会った医師に憧れて、医者になりたいと思う可能性だってあります。

でも、それまでまったく勉強をしていなかったら、今までの夢をあきらめる勇気を持つことも、新しい夢を迎えることもおそらくできません。

勉強によって可能性を拡げた2人の友人

高校時代の同級生にSという男がいます。僕の高校はサッカー部が強くて、全国大会にも度々出場しています。Sはそのサッカー部に所属し、1年生のときからレギュラーを務め、東京選抜としても活躍しました。Sは当時、全国でも屈指のサッカーがうまい高校生だったのです。本人が望めばJリーグに入ることもきっとできたでしょう。

でも彼はサッカーのプロ選手にはなりませんでした。彼は医者になりました。大学卒業後はアメリカに渡り、今はウェイクフォレスト大学の准教授として目覚ましい成果をあげています。もちろんSに人並み外れた才能があったことは確かですが、サッカーであれだけ活躍しておきながら、医者としても大成することができたのは、彼が勉強を決しておろそかにはしなかったからです。サッカーの厳しい練習と併せて、勉強も続けてきたからこそ、彼の夢の可能性は大きく拡がりました。

また、大学の先輩にはHさんという人物がいて、この人は大学2年のときに文Iから理Iに編入しました。理系の人が文系に進路を変えることを「文転」、反対に文系の人が理系に変えることは「理転」と言いますが、文転に比べて理転はとても珍しいので特に印象に残っています。

　高校で文系を選択した生徒はふつう「数Ⅲ」と呼ばれる教科を履修しません。しかし、理転するための編入試験では「数Ⅲ」の内容が問われるので、これがネックになり、例え東大に入るほどの学力があったとしても文系の人が理転するのは難しいのです。でもHさんは、数学が好きで文系に進学した後も独学で「数Ⅲ」を勉強していたらしく、それが彼の「やっぱり理系に進学したい」という夢を実現させました。

　繰り返します。

　勉強はあなたの可能性を拡げるためにするものです。

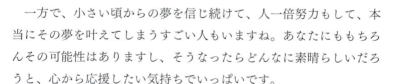

勉強は決してムダにならない

　一方で、小さい頃からの夢を信じ続けて、人一倍努力もして、本当にその夢を叶えてしまうすごい人もいますね。あなたにももちろんその可能性はありますし、そうなったらどんなに素晴らしいだろうと、心から応援したい気持ちでいっぱいです。

　でも、その場合だって「小さい頃からの夢」に関係しない勉強はしなくてもいいということにはならないと僕は思います。

　僕のまわりには音楽家や俳優の友人が少なくありません。生まれながらにして職業が決まっていた歌舞伎役者の友人や、若い頃から料理の世界に入り、料理一筋に生きてきた知人もいます。彼らはま

さにプロ中のプロです。専門を極めるために小さい頃からひたすらに努力を重ねてきたその強い精神力と天賦の才能には尊敬の気持ちしかありません。

でも、そんな彼らが口々に言うのです。

「もっと、勉強しておけばよかった」

と。もちろん多分に謙遜です。実際彼らの多くは博識で、博識であるがためにさらなる知識への欲求も高いのだろうと僕は思っています。

ただ、音楽にせよ、演劇にせよ、絵画にせよ、文学にせよ、すべての芸術は「知」と無関係ではいられないのもまた事実です。知性の裏付けのないパフォーマンスは自己満足で終わってしまうでしょう。

またスポーツ選手として一流になっていくには自分を究極まで追い込む必要があり、その求道精神は哲学と深い繋がりがあるはずです。実際、イチロー選手やマイケル・ジョーダンらの例を出すまでもなく、テレビやネットで見聞きするスポーツ選手（10代であることも珍しくありませんね）の談話の多くは含蓄に富んでいて、感心することが多いです。彼らが不勉強であるはずはないと僕は思います。

勉強は新しい夢を迎え入れるために、
あるいは1つの夢をより一層輝けるものにするために
欠かせないものなのです。

質問「勉強はどの科目も満遍(まんべん)なくしなくちゃいけませんか？ 私は、英語は比較的得意ですが、数学は大の苦手です。だから高校では文系に進学しようと決めています。数学を捨ててもいいですか？」

永野「気持ちはわかります。でも、中学生のうちから『数学が苦手』なんて決めつけないでください。それこそ自分で自分の可能性をつぶしてしまっています。実際、僕の生徒さんの中には中学時代はずっと数学の成績が悪かったのに高校になってから急に学年トップレベルになった人がたくさんいます。

　彼や彼女たちは決して数学が苦手なわけではなく、たまたま勉強法が間違っていただけでした。他の科目も同じです。今は苦手だったり嫌いだったりしても、**あなたの知性や感性が飛躍的に成長するこれからの数年間のどこかで、突然得意になったり好きになったりする可能性は大いにあります。**」

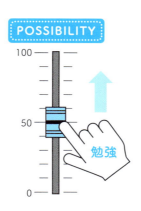

2 あなたが持っている『やる気の種』

　職業柄「子どものやる気がなくて困っている」という親御さんの話をよく聞きます。

　塾や予備校の広告でも「やる気にさせます！」と謳ったものはとても多いですね。あなたのお父さん、お母さんもあなたの「やる気」には少なからず関心を寄せていると思います。わが子の「やる気」に無関心な親なんて多分いません。

　確かに、やる気さえあれば子どもは進んで机に向かいます。目標に向かって（例え最初は不器用でも）自分の足で進んでいくでしょう。そのような気力にあふれた毎日を送るわが子を持った親は幸運です。たくさんの親御さんがそのような子どもを持つことに憧れる気持ちはよくわかります。

　さて、あなたは自分の「やる気」についてどんな風に感じていますか？　この本を手に取ってくれているわけだから、きっとやる気はあるのだろうと想像します。あるいは前節を読んで、「勉強しよう！」と決意を新たにしてくれたかもしれませんね（もしそうなら嬉しいです）。ただ、そうは言っても

「やる気がないわけじゃないんだけど、ついついマンガ読んだり、ゲームしたりしちゃうんだよなあ……」

という人も結構いるんじゃないかと思います。

僕は家庭教師時代から合わせると20年以上、様々な子どもを個別指導してきました。その数は軽く500人を超えています。

　教える期間は短くても半年で、長ければ中学・高校合わせて6年間教えることもあります。親のように甘えられるわけではない大人と一対一で毎週1回か2回、90分間（1コマ90分です）顔を付き合わさないといけないというのは、生徒さんにとってもある種の緊張を強いられることでしょう。でもだからこそ話してくれること、伝わってくることがあるのも事実で、「やる気」についても色々なことがわかってきました。

やる気の芽を摘む「面倒くさい」

　これまでの経験を通して、はっきりと言えることがあります。
それは、

どんな生徒もやる気はある

ということです。ただし、親にはっきりとわかる形でやる気を見せている子は逆にとても少ないので、表に出ていないという意味ではそれは「やる気の種」と言った方が正確かもしれません。

　いずれにしても、種さえ持ちあわせていない生徒には――少なくとも僕は――一度も会ったことがありません。

　僕がこれまで出会った生徒は皆、程度の差こそあれ、

「成績をよくしたい」
「○○高校（大学）に入りたい」

「弁護士になりたい」
「社長になりたい」

等々の夢や願望を持っていました。
　でも、多くの子はそのやる気（の種）を行動にうつすことができません。だから親や先生や「もしかしたらあの子はやる気がないんじゃないか」と心配するわけです。

　大事なことを言います。

やる気の種は、
誰の目にも明らかな「行動」という花に成長しなければ、
決して、実を結ぶ（＝夢が実現する）ことはありません。

　しかし厄介(やっかい)なことに、やる気の種が芽を出し、花開くまでには越えなければいけない大きな障害があります。
　それは、「面倒くさい」という感情です。
「面倒くさい」はやる気の芽を摘んでしまう天敵だと言えるでしょう。しかも、なんとかやる気を行動にうつせたとしても、「面倒くさい」は何度も行動を邪魔してきます。

「面倒くさい」を排除することこそ、やる気を育て、気力にあふれる毎日を過ごすための最大の鍵です。

「面倒くさい」の原因

　子どもに限らず大人も「面倒くさい」には手を焼いています。

「返信していないメールが溜(た)まってしまった……面倒だなあ」
「明日は出張か。荷造りしなくちゃ……面倒だなあ」
「車が汚れているから洗車しないと……面倒だなあ」

等など。
　一方、幼稚園児や小学校の低学年くらいまでの子どもはあまり「面倒くさい」とは言いません。「面倒くさい」を連発するようになるのは、多くの場合小学校高学年〜中学生になった頃だと思います。
　あなたが「メンドクサイ」をよく使うようになったのも最近ではないですか？
　人がある事を行う前に「面倒くさい」と感じるのは、過去に同じような状況があって、大変だったり失敗したりした記憶があるからです。
「またあのときと同じ経験をするのはごめんだ」という気持ちが、面倒だという感情につながります。
　勉強で言えば、いくら考えても、教えてもらっても、わからなかった経験があると

「またわからないだろう」

と思うようになりますし、たくさん勉強したのに良い成績が取れなかった経験があると

「どうせ、テストで良い点なんて取れないよ」

とやる前からあきらめるようになってしまいます。

　この「あきらめ」こそが「面倒くさい」の原因です。

　でも事前に面倒くさいと感じたこと（＝どうせできないだろうとあきらめたこと）も、

「やってみたら大したことなかった！」

と感じることは少なくありません。
　たいていは、実際よりも事を大きく考えすぎているものです。

　思い出してください。
　あなたの十数年の人生はできなかったことが次々とできるようになった歴史であると言ってもいいのではないでしょうか？
　読めなかった漢字が読めるようになり、できなかった計算ができるようになり、運動だって、絵を描くことだって、歌を歌うことだって、随分と上達してきたはずです。
　これからだって同じです。

**一度や二度、三度や四度、できなかったからと言って
あきらめる必要なんてまるでないのです。**

　……とはいえ、「面倒くさい」がなかなか手ごわいのも確かです。特に最初の一歩を踏み出すことはとても大変なことを僕はよく知っています。そこで次節では脳科学の立場から立証されている、4つの「やる気スイッチ」のお話をしたいと思います。

Q & A

質問　「いままで、自分なりには努力してきたつもりですが、どうしても成績が上がりません。一方、そんなに頑張っている感じはしないのに成績がとても良い友達もいます。そういう子と比べると『自分は勉強に向いていないんだ』とあきらめたくなるのですが……。」

永野　「確かに、努力をしていなさそうに見えて、良い成果を上げる人っていますよね。そういう人は実際に能力が高かったり、効率の良い勉強法を知っていたりするのでしょう。でもそんな友人をうらやむ必要はまったくありません。

あなたもそういう風になれる可能性を十分に持っています。

努力ができるということは素晴らしいことで、その経験は決して無駄にはなりませんが、特に勉強の場合は、努力の方向性が間違っているとなかなか良い成果に結びつかないものです。

逆に言えば、**正しい方向に努力する『勉強のコツ』さえわかれば、能力を伸ばし、効率よく、短い時間で成果をあげることができます。**

僕はこれまで『勉強のコツ』を掴んで飛躍的に成績が上がった生徒をたくさん見てきました。この本ではその経験の中で得たノウハウをできるだけたくさん紹介していきます。どうぞあきらめずに、最後まで読んでみてください。」

3 4つの「やる気スイッチ」

　脳研究者で東京大学大学院薬学系研究科教授の池谷裕二先生と120万部を超えるヒット作『キッパリ！』で知られるイラストレーターの上大岡トメさんの共著『のうだま　やる気の秘密』(幻冬舎)の中で「やる気スイッチ」に関する非常に興味深い話が載っていたので、紹介します。

　池谷先生いわく、人間は、脳の中にある「淡蒼球(たんそうきゅう)」という部位が動いたときに「やる気」になるんだそうです。

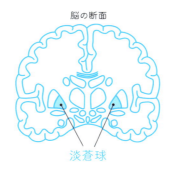

脳の断面

淡蒼球

　ただ、淡蒼球は意識的に直接動かすことができません。

　その代わり、この淡蒼球を動かすためのスイッチ、すなわち「やる気スイッチ」が用意されていて、それには次の4つがあると池谷先生はおっしゃっています。

4つのやる気スイッチ

① **Bスイッチ**：体（Body）を動かすと入るスイッチ
② **Eスイッチ**：新しい経験（Experience）をすると入るスイッチ
③ **Rスイッチ**：ごほうび（Reward）をもらうと入るスイッチ
④ **Iスイッチ**：なりきる（Ideomotor）ことで入るスイッチ

1つ1つ詳しく見ていきましょう。

やる気スイッチ①：Bスイッチ

僕たちは、脳が司令塔になって感情や行動を決めていると思いがちですが、実際は逆のことが多いようです。

池谷先生によると、これを示唆する実験結果が寄せられているとのこと。それは、被験者にペンを噛んだ状態でマンガを読んでもらう実験でした。ただしくわえ方が2種類あって、一方のグループには「イー」の口で、他方のグループには「ウー」の口でくわえてもらいます。次に読み終わったマンガが面白かったかどうかのアンケートをとります。すると、同じマンガを読んでもらったのに、「イー」の口でくわえてもらったグループの方が「面白かった」と感じる人の割合が多くなりました。

これは、「イー」の口でペンを噛むと顔が笑顔に似た表情になって、その顔の表情筋の動きから、脳が「あ、このマンガは面白いのだ」と判断するからだそうです。

にわかには信じられない気もしますね。でも**どうやら脳という**

のは、僕たちが思っているよりもずっと騙されやすいもののようです。

　ポイントは、体の反応や知覚を通して、脳が心の状態を（勝手に）推測しているんだという点です。これを脳科学では「自己知覚」と言います。

　やる気スイッチ①の「B（Body）スイッチ」とは、まさにこの「自己知覚」を利用したスイッチの入れ方です。要は、

■　どんなにやる気がなくても（どんなに心が嫌がっても）、
■　形だけでも（体だけでも）始めてしまえば、脳が
「お、始めたな。やる気あるな」
■　と勘違いしてくれて、本当にやる気が出てくる

というわけです。

　反対に、やる気がないときに、寝っ転がってやる気が出てくるのを待っていても、やる気が出てくる可能性は非常に低いでしょう。学校の掃除でもやる前は面倒に感じたのに、やり始めてしまえば、そんなに嫌に感じることなく、案外すぐに終わってしまった、という経験はあなたにもあるのではないでしょうか？
　勉強の場合も最初から1時間も2時間もやろうと思うから、とても面倒に感じるのかもしれません。

「まずは5分、いや1分だけやってみよう」

くらいの軽い気持ちでとにかく始めてしまいましょう。脳が騙されてきっとスイッチが入りますよ。

やる気スイッチ②：Eスイッチ

　3日坊主を経験したことがない人はおそらくいないと思います。もちろん僕も幾度（いくど）と無く経験してきました。だからあなたもすぐに飽きてしまう自分の性格を心配する必要はありません。最初はやる気があったのに何日か経つとマンネリ化して飽きてしまう、というのは人間の脳にとっては当たり前のことなのです。大事なのは、人間の脳は飽きっぽいのだということをしっかりと自覚しておくことです。

　そして、大人になればなるほど飽きやすくなるということも覚えておいてください。**「飽き」に対してもっとも効果のある対処法は好奇心を持つこと**ですが、大人は経験と引き換えに好奇心を徐々に失ってしまいます（もちろん中には大人になっても「子どもの心」を忘れない好奇心旺盛（おうせい）な人もいます。そうなりたいものです）。

　小学生の頃、公園で1日中遊んでいても、飽きるということはあまりなかったのではないでしょうか？　大人からすると「よく飽きもせずに遊び続けられるなあ」と感心するのですが、子どもは好奇心が旺盛なので、大人が気づかないような些細（ささい）なこともすべてが新鮮に映り発見の連続なのでしょう。だから飽きづらいのです。

　それが中学生ともなると公園で1日中遊ぶ、といことはなかなかしなくなります。部活や塾などで忙しい、というだけでなく、これまでの経験が好奇心を多少鈍らせているからだと思います。

　それと――僕にも経験がありますが――思春期になると好奇心をむき出し（？）にすることがなんだか「子どもっぽい」感じがして、実は感動したり、驚いたりしているのに、ついつい「大したことないよ」とか「知ってたよ」なんてうそぶいてしまうことも少なくあ

りません。

　でも、中学生であるあなたの好奇心は41歳の僕より何倍も、いや何十倍も旺盛のはずです。どうかあなたが今持っている好奇心を大切にしてください。

　やる気スイッチ②の「E(Experience)スイッチ」は、新しい経験（Experience）を積むことで入るスイッチです。大人の場合は環境を変えたり、仲間を見つけたりすることで、マンネリを脱しようとするわけですが、要は**好奇心を刺激してあげれば良い**のです。

　そして勉強に対する好奇心を刺激する最大のコツは

「なぜだろう？」

と思う気持ちを持ち続けることです。この感情は勉強全般についてとても大切なので、また後で詳しく触れたいと思います。

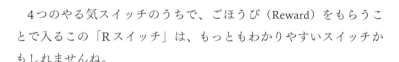

やる気スイッチ③：Rスイッチ

　4つのやる気スイッチのうちで、ごほうび（Reward）をもらうことで入るこの「Rスイッチ」は、もっともわかりやすいスイッチかもしれませんね。

　ごほうびをもらうことでやる気になるのは、ごほうびによって気持ちがよくなると、淡蒼球の近くにある「テグメンタ」と呼ばれる部位が刺激され、結果的に淡蒼球も動き出すからだそうです。そして、「テグメンタ」は一度刺激を受けると「気持ちいい」という感情をもっと欲するようになるので、**一種の中毒性がある**こともわかっています。

下手をすると、これは麻薬中毒とかアルコール中毒とかにも繋がってしまうわけですが「中毒性」をうまく勉強のやる気に取り込むことができれば、「もっともっと！」という感情が後押ししてくれることになりますから、勉強には積極的に取り入れていきたいところです。

　ごほうびは人によって様々で、美味しいケーキを食べることだったり、欲しいゲームを買ってもらったりすることだったりするかもしれませんが、実際は「もの」によるごほうびをそうそう何回ももらうことは難しいでしょう。でも、前節でもお話したように、やる気を邪魔する「面倒くさい」は頻繁にあなたを襲ってきますので、

　　ごほうびはこまめにあげる必要がある

のです。では何をあげたらいいのでしょうか？

　それは「達成感」です。一般に、達成感はゴールをすることで得られるものですが、勉強におけるゴールは自分で設定することができますから、いかようにも調節ができます。やる気を持続させ、しかも最終的に大きな目標を達成するためのゴールの設定の仕方については長くなるので、後で改めてお話します。

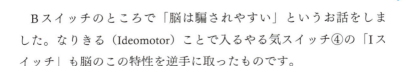

やる気スイッチ④：Ｉスイッチ

　Ｂスイッチのところで「脳は騙されやすい」というお話をしました。なりきる（Ideomotor）ことで入るやる気スイッチ④の「Ｉスイッチ」も脳のこの特性を逆手に取ったものです。

注)「Ideomotor」というのは難しい単語ですね。ふつうの辞書には載っていません。脳科学の専門用語のようでもともとは「観念運動性」という意味です。

　1970年代にカナダ人の心理学者が行ったある実験で、吊り橋の上で出会った男女は相手への恋愛感情を持ちやすくなることがわかりました。吊り橋が揺れることによるドキドキを、一緒に過ごした相手へのドキドキだと脳が勘違いするためだそうです。人は恋をするからドキドキするのではなく、ドキドキするから恋をするのだということがわかります。これが俗にいう「恋の吊り橋理論」です。有名な実験なので聞いたことがあるという人もいるでしょう。

　また、なんの薬効成分も入っていないただの白い粉を「薬ですよ」と飲ませると、実際に病気が治ってしまういわゆる「プラシーボ効果」も脳が思い込みによって騙されやすいことを示しています。

　よく「強く願えば必ず叶う」なんて言いますね。
　僕の塾でも願いの強い子というのは最終的にその願いを達成する確率が高いです。
　ただし叶えることができる強い願いというのは、「〜できればいいなあ」程度の生ぬるいものではありません。
　東大に入りたいのなら「東大に入れればいいなあ」とか「できれば東大に入りたい」というくらいではダメなのです。ここでいう強い願いというのは「自分は東大に入るんだ」というほとんど思い込み（＝なりきり）に近い強烈な感情のことを言います。

夢は叶うと思い込み、なりたい自分になりきること。

　それが、長い努力の原動力となり、やる気の持続に繋がります。

僕は高校の先生に、卒業後「お前は、成績がまったく追いついてない頃から、東大に入るのは当たり前みたいな顔をしてたよな」と言ってからかわれたことがあります。きっと生意気な顔をしていたのでしょう（恥ずかしいです……）。まことにもって図々しい。当時の自分に会うことができたら、そんなに甘いものじゃないぞと言ってやりたいくらいです。

　ただ一方で、だからこそ「並」で満足してはいけないという勉強に対する危機感を持つことができました。

　あなたにも是非、（例え今はなくてもいずれは）なりきるくらいの強い願いを持って欲しいです。**強い願いによって一度なりきることができれば、それは簡単には解けません。**そういう意味では、この節で紹介した4つのスイッチのうち、この「Rスイッチ」はもっとも効果が長続きするスイッチだと言えるでしょう。

質問

「脳の中には、淡蒼球というやる気の源(みなもと)があって、これを動かすために、4つのスイッチがあるというのは面白いと思います。ただ、いくらここに書いてある4つのスイッチを入れようと頑張っても、やっぱり勉強ってわからなくなると、途端(とたん)に面倒くさくてつまらないものになります。それに『勉強がわからない』という自分に向き合いたくなくて、益々(ますます)勉強しなくなるような気もします。どうしたらいいでしょうか？」

永野

「その通りだと思います。わからないことで勉強のやる気を失ってしまった生徒には過去のわからなかった経験をかき消してしまうほどの、**圧倒的にわかるという経験**が必要です。

　だから僕は、やる気がないように見える生徒（＝勉強を面倒くさいと感じている生徒）には、とにかくわからせることにまず集中します。

　塾の先生なんだから、当たり前と言えば当たり前なんですが、一言で『わかる』と言っても**やる気に繋がる『わかる』とそうでない『わかる』がある**ので要注意です。

　そこで、次の章ではやる気を復活させる『わかる』とはどういうものかをお話ししたいと思います。」

4 やる気になるための『わかる』とは

以前、数学をとても苦手にしていた生徒から

「怖いくらいにわかります」

と言ってもらったことがあります。前節で書きましたとおり、勉強に対してやる気のない生徒には、完璧にわかるという経験が必要だと信じている僕にとっては最高に嬉しい褒め言葉でした。

では「完璧にわかる」というのは、どういうことを言うのでしょうか?

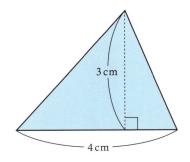

例として上の図の三角形の面積を求める問題について考えてみます。あなたはきっと

「さすがにこれはわかるよ。三角形の面積は『底辺×高さ÷2』だから『4×3÷2＝6』で『6㎠』でしょ」

と答えるでしょう。もちろん正解です。
　でも、もしあなたが僕の生徒なら僕はこの答えに満足しません。
　なぜなら「底辺×高さ÷2」という**公式にあてはめて答えただけ**だからです。だから僕は、あなたが本当に理解しているかどうかを確かめるために

「なぜ『底辺×高さ÷2』なの？」

と聞きます。その結果あなたが

「だって、平行四辺形の面積は『底辺×高さ』で、三角形はその半分だもの」

と答えてくれたとしても、さらに僕はこう尋ねるでしょう。

「なんで平行四辺形の面積は『底辺×高さ』なの？」

（そろそろあなたに嫌われてしまいそうですね……）
　そしたらあなたは口をすぼめて

「そう習ったから！」

と言うかもしれません。でもこれでは本当の意味で「わかっている」とは言えないのです。この話は結局

■「面積を求めるとはどういうことか？」

というところに行き着きます。そして、その答えは「**単位面積（今の問題の場合は1cm×1cmの正方形の面積）いくつ分かを求めること**」です（下図参照）。

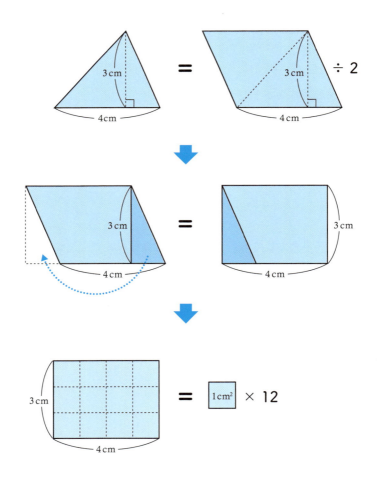

面積に対するこのような理解は

「長さを求める＝単位長さいくつ分かを求める」
「体積を求める＝単位体積いくつ分かを求める」

という理解にも繋がっていきます。
　たかが三角形の面積を求める問題でやりすぎだ、と思うかもしれませんね。
　でも、「完璧にわかる」とはこういうことであり、ここまで理解して初めて「怖いくらいにわかる」という感覚に達することもできるのです。
　しかも、ここまでわかっていれば、高校に入ってから積分計算によって面積が求められることを理解することも簡単になります。

「わかる」のに解けない理由

　中学、高校と学年が進むと生徒から

「答えを聞けば（読めば）わかるけれど、自分では解けない」

という声をよく聞くようになります。でも僕に言わせると、**ここでいう「わかる」はウソの理解**です。自分が知っている知識を組み合わせて話の辻褄が合っていることを確認することは「わかる」ために必要ではありますが、十分でありません。
　小学校のうちは、知識を確認するだけで解けることも少なくなかったでしょう。なぜなら──もちろん例外はありますが──小学

校で解かせられる問題は、反復練習や暗記で対応できるものがほとんどだからです。

でも中学以降は状況が変わります。ウソの「わかる」で対応できるのは、教科書で言えば各単元の最初の方に載っているごくごく基本的な問題だけです。特に数学の場合、知識を確認するだけでは「面倒くさい」からやる気の種を守ることはできません。逆に「一度はわかったつもりになったけれど、やっぱりできないじゃん」という挫折に繋がり、かえって「面倒くさい」を誘ってしまうこともあり得ます。

■ **真の理解によって、**
■ **わかる喜びが解ける喜びに繋がって初めて、**
■ **やる気の種は芽となり、花となる**

のです。

「わかる」を判断する

自分が本当にわかっているかどうかを判断するためには、アインシュタインの次の言葉が役に立ちます。

「あなたの祖母に説明できない限り、本当に理解したとは言えない」(アインシュタイン)

もちろん、説明する相手は必ずしもおばあちゃんでなくても構いません。ただ相手が、これからあなたが説明しようとすることにつ

いて何の予備知識も持っていないというのは大切な前提です。そういう相手に対して、1からあなた自身の言葉を使って説明できない限り、本当に理解したとは言えないのです。

　やってみればすぐにわかりますが、これはなかなか骨が折れます。たいてい、自分ではわかっているつもりだったのに、いざ説明を始めると、言葉に詰まってしまうということになるでしょう。でも、言葉に詰まるところは、あなたのわかっていないところであり、それを知ることは何よりの勉強です。

　勉強の目標は、誰かに説明できるようになること

だと思ってください。

説明できれば、本物

質問　「説明できるようになるまで理解しようと思っても、途中でわからなくなってしまったらどうしたらいいのですか？」

永野　「そのために教師がいます。**僕たち教師は生徒からの質問が『大好物』です。** どうぞ、どんどん質問してください。きっとあなたがつまずいている石を取り除いてくれることでしょう。そしてそれによってあなたは増々深く理解できるようになるはずです。

　ただ、もしあなたが質問をしに行ったとき、先生が

『これはこういう風にやるって決まっているんだよ！』

とか

『この解き方は覚えてください』

と言うことがあったら、**もうその先生には質問をしに行かない方がいいでしょう。**

　その先生は自分が教えている教科のことを本当にはわかっていません（とても残念なことですが、そういう先生がたまにいます）。

　万が一、あなたの先生がそういう先生だった場合は、**どうぞその疑問を大切に持っておいてください。** ノートに書き留めておいてもいいかもしれません。あなたの『なぜだろう？』という思いは、（前節で登場した）4つのやる気スイッチ②の『Eスイッチ』に必要な好奇心源（げん）です。そしてその疑問はあなたが**好奇心を失わない限り、きっと解決するときが来ます。** そのときを楽しみに待っていてください。」

5 『わかる』の次にすべきこと

　前節で「真の理解」がいかに大事か、ということはわかってもらえたと思います。
　しかし、いくら圧倒的にわかるという体験を積んだとしても、それだけでは、やる気の種を順調に育てることはできません。前節で「わかる喜びが解ける喜びに繋がって初めて、やる気の種は芽となり、花となる」と書いたとおり、**わかったことを使って新しい問題が解ける**ことも必要です。

　再び、小学校の算数から例題を取らせてください。
　ぱっと見たところ次の（1）と（2）ではどちらの問題の方が難しく感じますか？

（1）ある品物が3割引になって1680円で売られています。
　　　この品物の定価を求めなさい。

（2）定価2400円の品物が3割引で売られています。
　　　この品物の売値を求めなさい。

　ほとんどの人が**（1）の方が難しいと感じる**でしょう。その理由はあとで解説することにして、まずはそれぞれを解いてみますね。
　念のため、割合の定義式（割合の意味を数式で定めたもの）を確認しておきます。

【割合の定義式】　　　$\dfrac{\text{比べられる量（部分）}}{\text{もとにする量（全体）}} = \text{割合}$

【解答】

(1)

　この問題の場合、「もとにする量」は定価、「比べられる量」は売値です。また、「3割引」で売られているということは、売値（1680円）は定価の7割（0.7）なので、定義式にあてはめると

$$\frac{\text{売値}}{\text{定価}} = \text{割合}$$

$$\Rightarrow \frac{1680}{\text{定価}} = 0.7$$

$$\Rightarrow \text{定価} \times 0.7 = 1680$$

$$\Rightarrow \text{定価} = \frac{1680}{0.7} = 2400 [\text{円}]$$

(2)

　やはり売値は定価（2400円）の7割（0.7）なので

$$\frac{\text{売値}}{\text{定価}} = \text{割合}$$

$$\Rightarrow \frac{\text{売値}}{2400} = 0.7$$

$$\Rightarrow \text{売値} = 2400 \times 0.7 = 1680 [\text{円}]$$

　この、売値や定価に関する問題は小学生だけでなく、中学〜高校

生でも苦手にしている人は少なくありませんが、（1）と（2）を解かせると（1）の方が遙かに正答率は低くなります。たぶん、

$$売値 ＝ 定価 \times 割合$$

になることは直感的に理解できても、

$$定価 ＝ \frac{売値}{割合}$$

になることは、前頁のように定義式の変形を通して理解する必要があるからでしょう。

　もう少しだけ算数の問題につきあってもらいたいと思います（ごめんなさいね）。次の問題のあとに、新しい問題が解けるようになるために必要なことお話します。

　次の（3）と（4）ではいかがでしょうか？　どちらの方が難しく感じるでしょうか？

（3）あるテストで平均点が60点のクラス全員の点数の合計は
　　　1500点でした。このクラスの人数を求めなさい。

（4）あるテストで25人のクラスの平均点は60点でした。
　　　このクラス全員の点数の合計を求めなさい。

　さっきよりは簡単に感じる人が多いとは思いますが、比べると、（4）よりは（3）の方が難しく感じる人の方が多いと思います。
　これも実際に解いてみます。

> 【平均の定義式】 $\dfrac{\text{合計点(総数)}}{\text{人数(個数)}} = \text{平均}$

【解答】

(3)

平均点は60点、合計点は1500点なので、

$$\dfrac{\text{合計点}}{\text{人数}} = \text{平均}$$

$$\Rightarrow \dfrac{1500}{\text{人数}} = 60$$

$$\Rightarrow \text{人数} \times 60 = 1500$$

$$\Rightarrow \text{人数} = \dfrac{1500}{60} = 25 [\text{人}]$$

(4)

平均点は60点、人数は25人なので

$$\dfrac{\text{合計点}}{\text{人数}} = \text{平均}$$

$$\Rightarrow \dfrac{\text{合計点}}{25} = 60$$

$$\Rightarrow \text{合計点} = 25 \times 60 = 1500 [\text{点}]$$

さて、大事なのはここからです。

真の理解のあと、やる気の芽が順調に育つために必要な次のステップは

「独りでできる」という経験を積むこと

です。

　いくら1つの問題が完璧にわかったとしても、その問題しかできないようでは、他の問題を解くためにはまた別の理解が必要になります。これでは途方もない感じがして、「面倒くさい」と感じるのは当たり前です。

　逆に、**1つの理解が他にも広く応用できることがわかれば、つまり誰に教わることなく、別の問題が独りでできるようになれば、問題を解くことはきっと面白くなるでしょう。**

　その際に鍵となるのは

理解を抽象化すること

です。

「抽象化」なんて書くと大げさな感じですが、難しく考える必要はありません。要は**共通点を探せばよい**のです。

　では難しいと感じた（1）と（3）の共通点はいったいなんでしょうか？　それは両者がともに**「定義式の分母が問われている問題」**だという点です。

　割合の定義式も、平均の定義式も

$$\frac{B}{A} = C$$

という形をしていますね。このとき、定義式の分母（A）の値を求める計算は分子（B）の値を求める計算より式変形の手順を多く踏む必要があり、問題の入口から答えをイメージするのが難しくなり

ます。

```
《Aを求めるとき》              《Bを求めるとき》

    B                              B
   ─── = C                        ─── = C
    A                              A

  ⇒ A × C = B                   ⇒ B = A × C

          B
  ⇒ A = ───
          C
```

　　（1）、（3）タイプ　　　　　　　（2）、（4）タイプ

　実は、やはり小中学生の多くが苦手としている**速度の問題**、**濃度の問題**、**密度の問題等**は、

　定義式の形がすべて分数で与えられるという点で同じ

です。そしてどの場合も分母（時間や食塩水の重さや体積）の値を求める問題を出すと多くの生徒が間違います。

　そんな中、これらがすべて「同じ」であることを発見し、抽象化（一般化ともいいます）できた生徒はどれか1つについて理解したことが広い範囲に応用できるので、特に難しいとは思わないはずです。

　そうなると

「他の問題も解けるかな？」

と色々な問題に挑戦してみたくなるのはごく自然なことでしょう。

つまりは**やる気のある状態になる**わけです。

　完璧にわかる体験をしたことで芽吹いたやる気の芽は、「独りでできる」という養分を得て茎を伸ばし始めます。

新しいことを理解したら、
これまで勉強してきたことと共通するところがないかを探す

ようにしましょう。是非そういうクセをつけてください。
　そうすれば、1つ何かを理解することの価値がうんと上がりますし、「わかる喜び」を「解ける喜び」に繋げることもできます。

＼ 共通点を探そう！ ／

| 肉じゃが | カレー |

材料が同じ！

（肉・じゃがいも・にんじん・たまねぎ等）

Q & A

質問「共通点を探すことが大事なことはわかりましたが、見つけようと思ってもなかなか見つけることができません。何かいいトレーニングの方法はありませんか?」

永野「確かに、共通点を見つけて、それを言葉にすること(抽象化)は簡単ではありません。でも**この能力は磨くことができます。**

まず、教科としては**数学がこの能力(ものごとを抽象化する力)を訓練するのにもっとも適しています**。数学で、数字の代わりに文字を使うのは、数学という学問が常に、ものごとを抽象化し本質を簡潔に表現することを目指しているからです。

共通点を探す訓練は、本質を見つけようする訓練でもありますから、文系に進むと固く心に誓っている人も、数学は是非しっかり勉強してください。

『そんなこと言ったって、数学は苦手だからなあ』

という人もあきらめる必要はありません。そういう人は例えば

『桃太郎と金太郎と浦島太郎の共通点は何か?』

と自問してみてください。すると、

・全員名前に『太郎』が付く
・親が(ほとんど)登場しない
・人間以外の動物との深い関わり

などの共通点が見つかってくるでしょう。これが訓練になります。いくつかのことがらに対して**『これらの共通点は何か?』と自問自答を繰り返す**ことで、ものごとを抽象化する力はきっと磨かれていくはずです。」

トップアスリートに学ぶ セルフ・コントロール

　ものごとを他人に説明ができるくらいに、完璧に理解をし、その理解を他の問題が解ける喜びに繋げるために、抽象化(他の理解との共通点を探す)もして、大切に育ててきたあなたのやる気の「種」や「芽」は、それでも簡単に「面倒くさい」によってつぶされてしまうときがあります。

　どんなときでしょうか?

　それは、**他人に負けたとき**です。

　1度や2度の負けであれば、かえってそれを発奮(はっぷん)材料にして、頑張ることもできるでしょう。そういう意味では、もしあなたが、あなたと同じくらいの実力と高い目標を持った「ライバル」を持っているのなら、それはとても幸運なことです。そのライバルに勝ったり負けたりを繰り返しながら、互いに大きく成長していくことができます。是非ライバルは大切にしてください。

　しかし、そんなに都合のよいライバルが必ずいるとは限りません。もしいたとしても途中で目的や実力が合わなくなることもよくあります。

　ライバルがいない場合、気になってくるのは**「どうしても勝てない相手」**です。もしあなたが今、クラスの平均か平均を少し上回るくらいの成績だとすると、トップクラスの成績を修める数人にはいつも負けてしまっているのではないでしょうか? そして、負け続

けることで、大なり小なり、あなたのやる気は失われているはずです。

でも、僕はあなたに言っておきたいことがあります。

負けるのは当たり前です。

誤解してほしくないのですが、僕は決して「どうせ勝てっこないのだから、頑張ったって仕方がない」と卑屈になることを進めているわけではありません。負けることでやる気をなくすのはナンセンスだというお話をしたいだけです。

もしかしたら読者の中には

「そんなことない。僕（私）はいつもクラストップだよ」

という優秀な人もいるかもしれませんね。でも、世間は広いです。

あなたと同学年の学生は全国に約120万人います。その中でトップになれるのはただの1人です。仮にあなたの同学年の人口がちょうど120万人とすれば、残りの119万9999人の人間は負けます。割合にすれば**99.9999％以上の人間は負ける**計算です。

$$\frac{1199999}{1200000} = 0.999999166\cdots$$

また、もし仮に日本一優秀な生徒であっても、勝ち続けるのはとても難しいです。世界に目を向ければ、信じられないくらいのすごい人物がたくさんいます。あなたが――もちろん僕も――生きているのはそういう世の中です。その中であなたが勝ち続ける可能性は限りなく0％に近いと言っていいでしょう。

こんな話は聞きたくないと思います。もっと夢や希望にあふれた話を聞きたいですよね。でも、僕はこの本を手に取ってくれたあなたの信頼にこたえるためにも、耳触りのいい、浮（うわ）ついた話で終始させることはしたくないのです。
　大事なのは、負けるのは当たり前だと知った上で

　負けてもやる気を失わないメンタリティーを身につける

ことだと僕は思います。
　もちろん、簡単なことではありませんが、そのヒントは日々過酷な競争の中でしのぎを削（けず）って生きているアスリートの言葉の中に見つけることができます。

　2013年に国民栄誉賞を受賞し、日本では読売ジャイアンツ、メジャーリーグではニューヨーク・ヤンキースなどで活躍した**松井秀喜選手**は、現役時代から人間的に大変成熟していて、特にメンタルが抜群に安定していたことが知られています。
　松井選手は高校時代から飛び抜けた存在で、甲子園で受けた5打席連続敬遠は社会問題に発展するなど、常にマスコミの注目を集めてきました。それだけに、あることないこと報道されて、嫌な気持ちになることも少なくなかっただろうと思いますが、当の本人はあるインタビューで

「（報道は）気になりません。
　記者が書く内容は、僕にはコントロールできないからです」

と答えています（しかもプロ1年目＝19歳のときに！）。

要は

自分でコントロールできないことは気にしない

ということです。これこそが負けてもやる気を失わないメンタリティーそのものです。

実は似たようなことを、あの**イチロー選手**も言っています。イチロー選手は、首位打者を獲ることにはこだわらないでプレーをしてきたそうですが、これについて

「**他の打者の成績は僕には制御できない。
（だから）意識することはありません**」

と語っています。

勉強もまったく同じだと僕は思います。

あなたはあなたの友だちの勉強時間や勉強の質を管理することはできません。試験前に無理に遊びに誘ったり、「勉強するなよ〜」と冗談交じりに言ったりすることはあったにしても、24時間つきっきりで監督することは不可能です。もちろん全国にいるあなたの「同級生」の勉強にあなたが何かしらの影響をおよぼすことはまずないでしょう。

つまり、あなたの意思や希望とはまったく関係ないところで、あなたのまわりの人は勉強をしています。もちろん生まれ持った才能のようなものも人それぞれです。そして、その結果が「成績」です。

繰り返しますが、他人の成績をあなたがコントロールすることはできません。それなのに、**他人との比較に一喜一憂するなんて馬鹿げています。**

　例えば、あなたのクラスにA君という友だちがいるとします。A君は中間試験ではクラスの上位にいました。ところが、A君は次の期末試験前に風邪を引いてしまい、思うように勉強ができず、期末試験の成績はクラスの下位になってしまいました。

　一方のあなたは、中間試験でも期末試験でもクラスの真ん中ぐらいの成績だったとしましょう。さて、あなたは中間試験では負けたA君に期末試験では勝てたことに喜べますか？　喜べないですよね。少し極端な例を出しましたが、他人の成績とはこういうものなのです。

　他人に勝つのも負けるのも「たまたまだ」くらいに思っておいてちょうどいいと僕は思います。

　あなたが勝たなくてはいけないのは、他人ではありません。

あなたが勝つべきはあなた自身

です。

　もっと言えば、あなたのやる気をつぶす**「面倒くさい」という感情に勝つこと、これがあなたにとってはもっとも大切なこと**だと思ってください。

　そして、昨日の自分、1週間前の自分、去年の自分に、今の自分は勝っているか、今日の自分は何か成長できただろうか、と常に自分自身を見つめるのです。自分自身を見つめる自らの視線に恥じることのない毎日を送ってもらいたいと僕は強く思います。

かつて中国の思想家、王陽明(おうようめい)は

「山中(さんちゅう)の賊(ぞく)を破(やぶ)るは易(やす)く、心中(しんちゅう)の賊を破るは難(かた)し」

と語りました。
　心の中にひそむ邪念に打ち勝つことがとても難しいことの喩(たと)えです。それだけあなたの心の中にくすぶっている「面倒くさい」や「遊びたい」、「なまけたい」という気持ちは強敵です。
　でも、これに勝つことができるようになれば、あなたは本当の意味で「無敵」になれます。
　本書にはそのための方策がたくさん書いてあります。参考になれば幸いです。

　ときには、あなたのお父さんやお母さんが、

「○○さんのところの△△くん（ちゃん）は〜」

とよその家の子とあなたを比較するようなことを言って、あなたのお尻を叩こうとすることもあるでしょう。
　でも、それはあなたに成長してもらいたいと願う親心の表れだと割りきって、気にしなくて構いません（お父さん、お母さん、ごめんなさい）。
　どうぞ、あなたの心中にある敵に勝つことだけを考えて下さい。

Q & A

質問
「負けるのは当たり前だ、と聞いてもやっぱり私は負けるのが嫌です。とても悔しい気持ちになります。それに負けたくない気持ちで頑張れることもあると思います。」

永野
「とてもよくわかります。実は僕自身も元来はとても負けず嫌いで、その負けず嫌いが原動力になったこともありました。負けず嫌いには確かに人を前に進ませる強力な力を持っています。

ただ一方で、負けず嫌いが行き過ぎると、他人のことばかりが気になって、精神状態を安定させることが難しくなり、するべきことができなくなってしまうのもまた事実です。

決して簡単なことではありませんが、**他人のことは気にしない、というマイペースを貫けるようになれば、それこそ『最強』です。気持ちも随分と落ち着くはず**です。是非、目指してみてください。」

7 勉強で一番大事なこと＝楽しむこと

　前節までに、勉強に対するやる気の「種」や「芽」を大切に育てていくために知っておいてもらいたいことを色々とお話してきました。おさらいしておきましょう。

- 勉強は未来の可能性を拡げるものと考える。
- 「面倒くさい」を攻略すれば、やる気は実る。
- 4つの「やる気スイッチ」を利用する。
- 人に説明ができるくらい、徹底的に理解する。
- 1つのことがわかったら、他の理解との共通点を探す。
- 他人のことは気にせず、自分に勝つことを考える。

　そして、本節はいよいよ仕上げです。度々襲ってくる「面倒くさい」に負けることなく、やる気を持続させて、やがてあなたの夢をも叶えるためのもっとも大切で、もっとも強力な方法を紹介します。それは

勉強を好きになること

です。書いたそばから

「え〜、そんなの無理だよ!!」

という皆の声が聞こえてきます（笑）。そう、勉強が大キライという人はたくさんいますが、勉強が好き、という人はとても少ないですよね。
　ではあらためて聞かせてください。勉強がキライな人はなぜ勉強がキライなのでしょう？　もしかしたらまるで

「オバケは怖いに決まってる」

と同じように、

「勉強なんてキライに決まってる」

と思ってはいませんか？
　あるいはなんとなく、

と考えてはいませんか？
　でも、本当にそうでしょうか？
「勉強」と一括りにしてしまうと、キライなもの、楽しくないものというイメージが先行してしまうかもしれませんが、一つ一つの教科のことを考えてみてください。

英語はキライですか？
国語はキライですか？
数学はキライですか？
理科はキライですか？
社会はキライですか？
音楽はキライですか？
美術はキライですか？

全部キライ、という人はあまりいないと思います。

外国映画のセリフが聞き取れるようになったり、教科書で出会った物語に引きこまれたり、問題が解けたり、不思議な自然現象に触れたり、人間の過去と現在の営みを知ったり、素晴らしい芸術に感動したり……というそれぞれの教科における体験は、（少なくとも1つや2つは）「楽しいもの」ではないでしょうか？

どの教科にもその教科なりの楽しさや面白さがあります。それなのに、「勉強」という言葉のイメージや、テストの点数が思うように伸びなかったり、親からしつこく「勉強しろ」と言われたりしたせいで、「勉強がキライ」と思ってしまうのではないでしょうか？

昔から

好きこそ物の上手なれ

と言います。

絵が好きな子は、そうでない子より絵が上手になる確率が高いです。上手だから好きになるのではありません。**好きだから上手にな**

るのです。好きなことは誰でも真剣になるし、上達のための工夫も自然とするようになるからでしょう。勉強も同じです。

好きだからこその「真剣さ」と「工夫」があれば勉強はできるようになる

のです(これについては次章でも詳しくお話します)。

　もちろん(言うまでもありませんが)、好きなことをやっているときは「面倒くさい」という感情がわいてこないので、やる気も続きます。

　これについては医学博士で受験アドバイザーの福井一成先生がある記事の中で次のようにおっしゃっていました。

「ある科目が嫌いになると、不快なときに出るノルアドレナリンという脳内ホルモンが分泌される。ノルアドレナリンは、記憶をつかさどる海馬の働きをダウンさせるため、その科目の勉強が進まなくなり、点数が取れないという悪循環に陥る。
　反対に、勉強が楽しいと『脳内モルヒネ』『幸せホルモン』などと呼ばれるβエンドルフィンが分泌され、海馬の記憶力がアップし、勉強がはかどる。その結果、成績が上がり、さらに勉強が楽しくなる。」(週刊朝日　2015年8月7日号より抜粋)

　脳は、(思ったよりも)単純で騙されやすい、ということは既にお話した通りです。これまで「勉強はキライ」と思ってきた人も今日からは

「勉強は楽しい！」と思い込こんで
脳を騙してください。

　そうすれば、「βエンドルフィン」が分泌されて、勉強が本当に楽しくなり、さらに「βエンドルフィン」が分泌されますから、増々勉強が好きになることでしょう。とは言え、

「いやいや、僕（私）の勉強ギライは筋金入りだから
　そんなに簡単に脳を騙すことなんてできないよ」

という意見もあると思います。
　安心してください。実はそういう人のために、次章以降の大半は「勉強を楽しんで、好きになるためにはどうしたらいいか」について書いていくつもりです（それだけ好きなることは大切です）。

「勉強なんてキライ」
「勉強なんてツマラナイ」

と決めつける前に、どうぞ最後まで読んでみてください。

質問　「そうは言っても、毎日の宿題は面倒くさいし、遊びたいし、親はうるさいしやっぱり勉強を好きになんてなれません。」

永野　「よくわかります。それがふつうなのでしょうね。

でも僕は学生時代から勉強が好きでした。それは成績が良かったからではありません。中学1年生のときの実力試験では、学年180人中123番でした。進学校ではありましたが、真ん中より下にいたのは確実です。

それでも僕が勉強をキライにならなかったのは、**『イヤなこと』はやらなかった**からです。つまらない宿題はやりませんでした。もちろん先生にはこっぴどく叱られますから、良い子の皆さんには決しておすすめしません。でも僕は、叱られることも平常点（テストの成績に加算される普段の勉強態度の点数）が著しく下がることも覚悟の上で、**面白くないことはやりたくなかった**のです。我ながらその辺はかなり頑固だったと思います。でも**興味がある宿題は誰よりも熱心にやりました**。調べる必要がないことを調べるために徹夜をしたこともあります（その徹夜はとても楽しかったです）。

それから、もう1つ僕が恵まれていたのは、親が『勉強しろ』とは言わなかったことです。次節でも書きますが、親にうるさく言われなかったことは、勉強を好きになるためだけではなく、**勉強に対する自覚と責任を持つためにも必要**なことでした。

いずれにしても、**勉強だって楽しさを追求していいんです**（ただし責任の取れる・許される範囲で！）。」

第2章

学力を伸ばすために知っておくべきこと
（心構え編）

学力が伸びるために必要な3つの要素

　前の頁で、僕は親から「勉強しなさい」とは言われなかったという話を書きました。
　あなたの親はどうですか？
　たいていの親は「勉強しろ」と言います。僕も今では2人の子どもの父親なので、子どものことを心配して、つい

「○○しなさい」
「△△はだめ」

と言いたくなる親の気持ちはよくわかります。
　ではなぜ僕の親は両親ともに「勉強しろ」とは言わなかったのでしょう？

　僕の父は、東大教授でした。子どもの僕が言うのも変ですが、言わば勉強のプロです。学ぶということに関してもっとも成功した部類に入る人間だと言ってもいいかもしれません。だから父は知っていたのだと思います。

　勉強というのは人に言われてやっても身につかない

ということを。
　そして母は……どこか（というか多分に）楽観的なところがある

人なので、根拠は何もなかったはずなのに、「まあ、この子は大丈夫だろう」と信じることができたと、後になって言っていました。

　珍しい親だな〜と思うかもしれませんね（僕もそう思います）。でも、大学に入ってから同級生の数人に聞いてみると、「勉強しろと言わない親」は、東大生の中ではむしろ多数派だということがわかりました。これは僕の同級生に限った話ではありません。1000人以上の東大生に対して行われたアンケート調査でも、親から勉強を強制されたことがない人の割合は半分を大きく超えています。

　これには２つの理由があると僕は思っています。

　まず、親の「勉強しろ」という言葉は、子どものやる気を奪います。いくら勉強へのやる気を持っていても、親から「しなさい」と言われてしまうと（特に反抗期真っ盛りの思春期のうちは）、一気にイヤになってしまいますよね。そういうことが度重なると、勉強そのものがキライになってしまうのは当然です。

　勉強ができるようになるためには勉強を好きになることが大事だとお話しましたが、東大には、親から「勉強しろ」と言われなかったおかげで、勉強をキライにならずにすんだ人が多いのでしょう。

　そして（本節で特にお話したいのはこっちです）、親から勉強についてうるさく言われない子どもは、学力を伸ばすためにとても大切な２つのものを手に入れます。それは

　　危機感と孤独感

です。

（おそらく）中学生のあなたは、子どもから大人に脱皮しようとしている最中でしょう。体つきは日に日に大人に近づきつつも心や頭は子どもと大人を行き来しながら毎日を過ごしていることと思います。言うなればあなたの中には今、子どもと大人が同居しています。
　ここで僕が言う「大人」とは

責任が取れる人

です。
　親があなたに対してうるさく言うのは、あなたの親があなたの言葉と行動に責任を取ろうとしている証拠です。法律上も、あなたが20歳になるまでは、親はあなたの保護者としてあなたの言動に対して責任を取る義務があります。
　だから親はあなたに口うるさく言います。それは心配の裏返しであると同時に、**あなたが行うすべてに対してあなたの代わりに責任を取ろうとする覚悟の裏返しでもある**のです。

　しかし、親にとって難しいのは、子どもは急に大人になるわけではないと言う点です。当たり前ですが、子どもは過ちや失敗を繰り返しながらも徐々に大人への階段を登ります。その途中では、責任を取るとはどういうことかを教えなくてはいけませんし、子どもに自分の判断で行動させる必要があります。
　実際にはこれが本当に難しいのです。
　まだ独りでは判断できないことを無理にさせてしまうと、取り返しのつかないことになってしまうかもしれません。かと言って、いつまでも手取り足取り世話をやくのは、子どもの独立を邪魔しま

す。

　次に紹介する「**子育て四訓**」は子どもの成長に合わせて、親はどれくらい子どもから離れるべきかを示したものとして有名ですが、こういうものが出まわるくらい、**親は迷っているのです**（もちろんこれにしても「目安」に過ぎません）。

　子育て四訓
　一、乳児はしっかり肌を離すな。
　一、幼児は肌を離せ手を離すな。
　一、少年は手を離せ目を離すな。
　一、青年は目を離せ心を離すな。

　ただ、**勉強に限って言えば、中学生になったら親は子どもの勉強から手を引くべき**だと僕は思っています。そうしないと子どもはいつになっても

「このままではマズイ」
「誰も助けてくれない」

という危機感と孤独感を持てません。

　そんなものがなぜ勉強に必要なのだ、と思うかもしれませんね。
　前節で僕は、好きであれば「真剣さ」と「工夫」が出てくると書きました。「危機感」と「孤独感」はこの２つをさらに高いレベルに持っていってくれるのです。結果として非常に大きな成果が生まれるのは言うまでもありません。

僕の塾の卒業生のうち、東大や国立の医学部といった超難関校に合格したり、入試で高得点を取って特待生として迎えられたりした本当に優秀な生徒たちに例外なく共通していたことがあります。それは（とても優秀であるにも関わらず）、**自分の現状を親よりも真剣に心配し、どうにかしたいと常に考えていた**ところです。

　親から「勉強しなさい」と言われ続けていると、自分よりも親の方が自分の勉強のことを心配してくれる感じがしませんか？　そして勉強に失敗したときは、他のことと同じように親が守ってくれるだろうとどこかで安心してはいませんか？　でもそうやって親に甘えているうちは、あなたの学力はなかなか伸びません。
　先ほど、親が口うるさく言うのは、あなたの言動に対して責任を取ろうとする親の覚悟だと書きましたが、実は

　勉強については、親はあなたの代わりに
　責任を取ることができません。

　あなたが試験で悪い点を取っても、親があなたの代わりに追試を受けて成績を上げることはできないのです。勉強におけるあなたの成果はあなたの責任であり、勉強が未来の可能性を拡げるためにするものである以上、**あなたの未来を切り開くのはあなたをおいて他にいない**のです。
　これに気づけば、「面倒くさい」などと、生ぬるいことを言っていられなくなります。

　もしあなたの親があなたにとてもうるさく「勉強しなさい」と言ってきたとしても、親がなんとかしてくれるとは決して思わない

ようにしてください。

　あなたが本気で学力を伸ばしたいと思っているのなら、**少なくとも勉強においては、一刻も早く「大人」になるべき**です。

　ただし、いち早く大人になって、勉強に対する危機感と孤独感を持てたとしても、それだけでは、熱意や努力が空回りしてしまう危険があります。

　やはり、**正しい方法で効率よく勉強しなければいけません**。つまり、学力を思うように伸ばすには、危機感と孤独感にくわえて、**正しい方法**を知っておく必要があるのです。

　では勉強における「正しい方法」とは何でしょうか？

　この本は、まさにそれをお伝えする本です（タイトル通りです）。

　勉強をする上でのいわばエンジンとも言える「やる気」については前章でお話しましたので、本章と次章では「正しい勉強法」を心構えと技術に分けてそれぞれ詳しくお話していきます。また、教科別の対策については第4章を読んでください。

学力を伸ばすために必要な3つのこと
① 危機感
② 孤独感
③ 正しい方法

Q & A

質問「でも結局、勉強ができるようになるのは、もともと『頭のいい人』でしょう？ 私は頭がよくないので、勉強ができるようになる気がしません。頭のいい人がうらやましいです。」

永野「まず気になるのは、あなたが自分で自分のことを『頭がよくない』と思っているところです。誰がそんなことを決めましたか？ まだ**10代半ばのあなたは、知力・体力・精神力のすべての面において、毎日ものすごい成長をとげています。**今はわからないかもしれませんが、大人になると、中学生の頃の自分の成長に自分で驚くはずです。ですからあなたは今、無限の可能性を持っていると言っても決して過言ではありません。

仮に今まで学校や塾の成績があまり良くなかったとしても、そのことは、この先もあなたが成績を伸ばせない証拠にも理由にもなりません。

ただ、生まれつき頭の回転が早い人は確かにいます。頭がいいなあと思わず感心してしまう友達はあなたのまわりにもきっといるでしょう。

でも心配はいりません。

本節でお話した『危機感』と『孤独感』それに『正しい勉強法』の3つを手に入れた子どもは必ず伸びます。**もともとの『頭の良さ』のようなものは、勉強の成果には、実はあまり関係がありません。**これは僕だけでなく多くの教育者の一致した見解だと思います。だから自分の可能性を信じて、あきらめずに高い夢を持ってください。」

勉強＝暗記ではない

　ここでお話することは、勉強を楽しむためのヒントであるだけでなく、勉強をするときの心構えとしてももっとも大切なことです。
　まず、あなたにとっての「勉強」のイメージを教えてください。
　日本史の勉強を例にとります。次の2つのうち、**あなたにとって「勉強」のイメージに近いのはどちらですか？**

（1）1853年：ペリー来航（黒船来航）
　　　1854年：日米和親条約
　　　1859年：安政の大獄
　　　1860年：桜田門外の変
　　　1862年：生麦事件
　　　1863年：薩英戦争
　　　1864年：下関事件、長州征伐（第1次）
　　　1865年：長州征伐（第2次）
　　　1866年：薩長連合
　　　1867年：大政奉還
　　　1868年：戊辰戦争
　　　等の年号を覚える

（2）小学館の『学習まんが　少年少女日本の歴史第16巻「幕末の風雲」―江戸時代末期―』を読む

おそらく（1）と答える人が多いでしょう。たいていの人は、勉強とは新しいことを覚えていくことだ、というイメージを持っていると思います。

では、**より楽しいのは（1）と（2）のうちどちらですか？**

今度は（2）と答える人が断然多いでしょう。実は、**僕があなたにおすすめしたい勉強の方法も（2）です。**

理由は2つあります。

1つは単なる年号の暗記より（2）の方が**ずっと楽しい**からです。既に触れてきた通り、脳は楽しいことを好みます。楽しければ、脳は活性化し、どんどん学習が進みます。だから勉強でも遊びと同じように（いや、もしかしたら遊び以上に）楽しさを積極的に追求するべきです。幕末のことを勉強する際にマンガで学ぶ（2）の方が楽しいのなら、「勉強っぽくない」などと迷う必要はありません。

そして、僕が（2）をすすめるもう1つの理由は（2）の方が**プロセスを学べる**からです。マンガにはストーリーがあるので、例えばなぜ「安政の大獄」の後に「桜田門外の変」が起きたかが描かれています。歴史を学ぶとき、1つの出来事が別の出来事に繋がるプロセスを学ぶことは、年号を覚えるよりずっと大切です。

プロセスについては後で詳しく書くとして、最初にはっきりさせておきたいことがあります。

勉強＝暗記ではありません。

アインシュタインはこう言っています。

「教育とは学校で習ったすべての事を忘れてしまった後に、なお残るものをいう。そしてその力を社会が直面する諸問題の解決に役立

たせるべく、自ら考え行動できる人間をつくる事である。」(アインシュタイン)

また太宰治も似たような言葉を遺してします。

「学問なんて、覚えると同時に忘れてしまってもいいものなんだ。けれども、全部忘れてしまっても、その勉強の訓練の底に一つかみの砂金が残っているものだ。これだ。これが貴いのだ。」(太宰治)

特に１つ目は僕の座右の銘で、これまで書かせてもらった本の中でも度々紹介してきました。それくらいアインシュタインのこの言葉は僕にとって大切な言葉です。自分は教師として、「すべての事を忘れてしまった後に、なお残るもの」を生徒に与えることができているだろうか、と常に自問しています。

話は変わりますが、2020年に大学入試におけるセンター試験が廃止されることを知っていますか？
勉強というのは本来、知識と考える力の両方をバランスよく育てる必要があります。しかし日本はこれまで知識を詰め込むことを重んじてきました。センター試験の廃止はそうしたことへの反省が根本にあります。

もちろん、ある程度の知識は必要です。
知識は「火」に似ているところがあります。例えば、キャンプファイヤー等で何もないところから火をおこすのはとても大変ですが、ある程度火がつけば、それを大きくすることは比較的簡単ですね。知識もある程度知識があるところからそれを増やすのは難しく

ありません。だからこそ頭が柔らかく、そして記憶力もいい**学生のうちに「火種」のような知識（教養とも言います）は身につけておいた方がいい**でしょう（記憶術については次章に詳しく書きます）。そうすれば、大人になってからいくらでも必要な知識を身につけることができます。

　一方の「考える力」の方は、知識を身につけるよりうんと大変です。大人になってからは不可能とはいいませんが、至難の業だと思います。だからこそ成長著しい学生の時分に意識して身につけるべきなのです。

　ではどうしたら「考える力」は身につくのでしょうか？
　僕は、

プロセスを見る目を育てることが何より大切

だと考えています。

　さっきの「火」の例で言えば、**知識は「火」そのもので、プロセスは「火をおこす方法」にあたります。**

　想像してください。

　あなたは友人数人とキャンプに来ています。ところがうっかり、火をおこすためのライターやマッチの類を忘れてしまいました。途方に暮れていると、友人の中にキャンプの達人がいて、ライターもマッチも使わずに火をおこしてくれました。一安心です。でもそんなとき「火」にしか注目していない人は、風や雨でその火が消えてしまったらもうなす術がありません。また達人の友人にお願いして火をおこしてもらうしかないのです。これはちょっと情けないですね。

しかし、プロセスを見る目を持っている人は、達人が火をおこす様子を注意深く観察します。そしておそらくはそのテクニックを盗んでしまうでしょう。そうして、また別の機会に野外で火が必要になったとき、今度はその人自身が火をおこせる「達人」になれます。

　プロセスを見る力は、気づきを得る力と言ってもいいかもしれません。

　達人が火をおこすプロセスの中には、火をおこすために摩擦熱を利用していること、小さな火種を大きくするための小枝への火の移し方、さらに火を大きくするための風の送り方など、気づくポイントがたくさんあるはずです。そして、それらはきっと自然現象についての理解に繋がりますから、**自分なりの火のおこし方を考えつくことだって決して不可能ではない**でしょう。

気づきの集積（コレクション）は考える力の源

なのです。

　昔に比べて、現代は変化がとても目まぐるしくなりました。昨日までは正しかったことが今日からは間違っているということも珍しくありません。また様々な価値観が混在する多様性も現代の特徴です。

　そんな現代は言わば、1つの「火」の寿命がとても短く、そして様々な場所で新しい「火」が必要になる時代です。このような時代にあって、**火をおこせる力＝自分の頭で考えられる力**の必要性はどんどん高くなっています。

　この原稿を書いている2015年の秋現在、2020年以降の大学入試

がどのように変わっていくかはまだ見えません。でも、現代の特徴を反映して、これまでよりはうんと「考える力」が問われる形になることは間違いないでしょう。

　今まで「結果＝知識を暗記すること」が勉強だと思ってきた人は、なかなかプロセスを見る目を持つことができないと思います。ついついクセで、数学の公式、英語の構文、歴史の年号、といった知識を丸暗記しようとしてしまうものです。
　そんな人におすすめの、嫌でもプロセスに目がいく魔法の言葉を教えます。それは

「なぜ？」と「どうして？」

です。英語で言えば「What ?」ではなく「Why ?」や「How ?」を常に頭の中で唱え続けること。そうすればプロセスを見る目は自然と開いてきます。

　プロセスを見る目を通して身につけた「考える力」は忘れようと思っても忘れることができません。それこそが、アインシュタインのいう「すべてを忘れてしまった後に、なお残るもの」です。
　しかも、プロセスの中から何かに気づき、新しいことを発見することは、あなたの勉強をきっと楽しくしてくれます。

　是非、これからは「なぜ？」と「どうして？」をキーワードにして、プロセスを見ることを大切にしてください。そしてどうぞ勉強を楽しんでください！

質問
「『なぜ？』とか『どうして？』を気にすると、疑問が増えるばかりで不安になります……。」

永野
「それでいいんです！ 多くの人は、『なぜ？』や『どうして？』を減らすことが勉強の目的だと思っているようですが、逆です。

『なぜ？』や『どうして？』が増える勉強こそ、正しい勉強法です。それだけプロセスに注目して、自分の頭で考えて勉強している証拠だからです。

そして、（前にも書きましたが）**疑問に思ったことをすぐに解決する必要はありません**。疑問は大切に持っていてください。**勉強を続けていれば、必ずわかるときがきますし、**疑問に思う期間が長ければ長いほどわかったときの理解も深まります。」

3 目標を達成する方法

　第1章で紹介した「4つのやる気スイッチ」の1つに「Rスイッチ」というのがありました。Rは「ごほうび」を表す「Reward」の頭文字でしたね。

　確かに、誰でもごほうびをもらえれば、頑張れる＝やる気が出るでしょう。でも、1つのごほうびでやる気が続く時間は短いので、ごほうびはたびたび欲しくなってしまいます。モノでごほうびをもらっていたらキリがありません。だからRスイッチを利用するためにはモノではなく「達成感」をごほうびにするのが良いのでしたね。当たり前ですが、達成感を得るためには目標が必要です。そこで本節では、最大限にRスイッチを機能させ、なおかつ最終的には大きな夢をも実現してしまう**目標設定の方法**について書きたいと思います。

　目標設定のポイントは次の3つです。

《目標設定のポイント》
① 大目標と小目標を設定する
② ラインの上を行くイメージを持つ
③ 自分で管理する

　それぞれを詳しく見ていきましょう。

① 大目標と小目標を設定する

「大目標」は、「夢」と言い換えることもできますが、まだ具体的な夢が見つからない人は、大それたものでなくても構いません。

注意すべきなのは、「大目標」はそう簡単には達成できないことにするべきだという点です。明日とか、今週中とかに達成できてしまうことは「大目標」にしないでください。例えば、

「夏休み中に、問題集を1冊終わらせる」
「今年中にクラスで10位以内に入る」
「○○高校に入る」
「○○大学に入る」

などは大目標にふさわしいと思います。もちろんもっと壮大な夢を持てる人はそれを大目標にしてもらっても構いません。

こういう風に言うと

「大金持ちになる」
「芸能人になる」
「小説家になる」

などを大目標にしたいと思う人もいるかもしれませんね。大目標が大きいのは決して悪いことではないのですが、

 実現に向けて具体的な努力ができることが
 目標であるための「条件」

であることは忘れないでください。

　大金持ちになるため、芸能人になるための具体的な努力の方法がわからない限り、これらを大目標にすることはできません。

　イチロー選手はかつて、

「夢がだんだん近づいてくると、目標に変わってきます」

と語っていました。そういう意味では**「射程距離にある夢」が大目標の条件**だと言うこともできるでしょう。

　反対に

「大きな目標が見つからない」

という人もいると思います。

　でも、第1章にも書きました通り、あなたの心の中には必ず「やる気の種」があります。胸に手をおいて、その心の声を聞いてあげてください。きっと「なりたい自分」や「達成したいこと」が見つかるはずです。

　次に小目標についてですが、

小目標は大目標のゴールよりも手前にたくさん用意

しましょう。

　こちらは**長くても1週間以内に達成できること**にしてください。小目標は、**達成感を味わって次へのモチベーションに繋げるために設けるものなので、小まめに設定するのがコツ**です。

　夏休みの50日間で100頁の問題集を終わらせたいのなら、「4〜5

日間で10頁」というのが小目標になります（ぴったり「5日間で10頁」にしない理由は次にお話します）。

②ラインの上を行くイメージを持つ

　大目標にせよ、小目標にせよこれを達成するコツは、目標に設定したラインの少し上をいくイメージを持つことです。

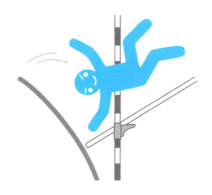

　上のイラストのような棒高跳びを思い浮かべてもらうといいかもしれません。棒高跳びのバーがあなたの目標ラインです。このラインとちょうど同じ高さを目掛けて飛ぶと、バーにあたってしまい、その高さをクリアすることができませんね。バーを飛び越えてクリアするためにはいつも

　少し上をいく必要がある

のです。

世の中には、目標を達成できる人とそうでない人がいますが、**目標をクリアできる人は必ず目標の少し上を目指しています。**

例えば「今度のテストで80点を取る」という目標を持ったのなら、90点〜100点を取れる準備をしていくのです。最初から80点を狙う準備をしてしまうと、実際には70点くらいになってしまいます。テストは水ものですし、試験では緊張や焦りから普段通りの実力はなかなか発揮できないものです。

さきほど「50日の夏休みに100頁の問題集を1冊終わらせる」という大目標の小目標を「5日で10頁」ではなく「4〜5日で10頁」にしたのも同じ理由です。「5日で10頁」を目標にしてしまうと、途中で風邪を引いたり、夏休み終盤に学校の宿題が終わらなかったりしたとき、途端に達成できなくなってしまいます。

③自分で管理する

現代経営学の父で、2010年頃に大ブームとなった**ピーター・ドラッカー**の**『マネジメント』**という著作の中にこんな一節があります。

「自己目標管理の最大の利点は、自らの仕事ぶりをマネジメントできるようになることにある。自己管理は強い動機づけをもたらす。適当にこなすのではなく、最善を尽くす願望を起こさせる。」

『マネジメント』は組織や団体の管理についてのよりよい方法について論じた本ですが、ここに出てくる**「自己目標管理」**は、個人の目標を達成するためにも大変重要です。具体的には、**特に小目標に**

ついて

- 自分で立てた目標の成果をチェックして、
- 積極的に修正していく

ところがポイントです。

　一度立てた大目標は、夜空の北極星のように、ブレることなくあなたの行く道を示してくれるものなので、滅多なことでは変えない方が良いのですが、反対に、**小目標はどんどん修正していくべき**です。

　いつだって未来は未定なので、計画通りに進まなかったり、逆に思ったよりも進めることができたりするのは当たり前です。その予測できなかった部分を常にチェックし、**現実に沿うように小目標を修正していくことは、無理や無駄を省くためには欠かせません。**

　さらに、ドラッカーも言うように、自分で管理している目標というのは、達成できるかどうかが常に気になるはずですし、より良いものにしたいという願望も出てきますから、あなたのやる気を引き上げてもくれるはずです。

Q & A

質問「私はいつも試験前や夏休み前に勉強の計画を立てるのですが、計画が出来上がると、できたつもりになってしまい、結局はいつも計画倒れになってしまいます……。」

永野「よくわかります。僕も同じ経験があります。

勉強の計画を立てることは、大切なことですし、やらないよりはやった方がずっといいので、これからも計画は是非立ててください。

ただし大切なのは、本文でも触れましたが、**計画のゴールを目標の少し上に置く**ということと、**常に修正をしていく**という点です。

試験勉強なら前々日までには全範囲の学習が終わるように設定しましょう。夏休みの計画の場合は3〜4日の予備日を設けて「余裕」を持たせ、その分で途中の修正がきくようにしてみてください。

積極的に修正ができるように、最初に計画表を作るときには**あまり綺麗に作らない**のもコツかもしれません。特に女の子に多いようですが、色鉛筆とか蛍光ペンとかで色分けなんかしちゃうと、途中で修正ができないので、計画が達成できない雰囲気なってくると途端にやる気を失ってしまいます。

計画表はラフな感じで、鉛筆で書くのがよいでしょう。(パソコンが使えるならパソコンで作るのもいいですね)」

# 教わり上手な子の 3つの特徴

長年教えていると、つくづく思います。

教わり上手な子は得だなあ

と。

　もちろん、僕はプロの教師としてどんな子に対しても、平等に、同じく成果が上がるように、教え方を日々工夫しているつもりです。しかし、それでも、どうしても、生徒は「教えやすい子」と「教えづらい子」に分かれてしまいます。

　あなたはこれまで、親や先生から色々なことを教えてもらってきましたね？　その中で「教えるのがうまいなあ」と感じることも、その反対に感じることもあったでしょう。実は教師の方もまったく同じように、教えながら「この子は教わるのがうまいなあ」と感じたり、その反対に感じたりしているものなのです。

　ただし、勘違いしないで欲しいのですが、**教わり上手かどうかはその子が優秀かどうかには関係しません。**優秀な子はたいてい「教わり上手」なものですが、中には優秀でも教えづらい子はいます。また反対にある時点では優秀とは言えなくても、「教わり上手だなあ」と感じさせてくれる子もいて、やはりそういう子は、時間が経つと必ず伸びます。

　もちろん、本書で出会ったあなたには是非、「教わり上手」に

なってほしいです。教わり上手であれば、学生の間はもちろん、社会に出てからも先輩や上司や様々な分野の達人から、よりたくさんのことを学ぶことができます。それによってあなたの人生が彩り豊かで実り多いものになることは間違いありません。

「教わり上手」は、ありとあらゆる能力の中で、もっとも大切な能力の１つ

であると言っても決して言い過ぎではないでしょう。

　教わり上手であるためには、特に次の３つがとても重要だと僕は思っています。

（1）挨拶ができる
（2）素直さ・謙虚さがある
（3）聞き上手である

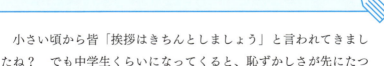

（1）挨拶ができる

　小さい頃から皆「挨拶はきちんとしましょう」と言われてきましたね？　でも中学生くらいになってくると、恥ずかしさが先にたつのでしょう、挨拶ができない子どもがとても多くなります。
　ではなぜ、挨拶が大切かわかりますか？
　それは、挨拶が

「私はあなたの敵ではありませんよ」

という宣言だからです。会った最初にお互いに挨拶ができれば、「私はあなたに対して心を開いています」と最初に確認しあうことができます。
　言うまでもなく、教え・教えられる関係というのは挨拶よりずっと密なコミュニケーションです。僕は**究極のコミュニケーション**である、とさえ思っています。それなのに、相手が挨拶をしてくれないと、教師の側も

「この子は心を許してくれていないのかな？」

と不安になったり、警戒をしてしまったりします。
　その結果、たくさんのことを教えてあげようとしていた気持ちが多少とも萎(な)えてしまうのは（教師も人間なので）仕方のないことなのです。
　僕自身は、中学の野球部で挨拶の習慣を身につけました。ただ、そのときは「なぜ挨拶が大切か」をわかっていたわけではなく、運動部のしきたりを守っていただけでした。
　僕が本当の意味で挨拶の大切さを知ったのはもっとずっとあとのことです。20代後半の頃、僕は新米の指揮者として劇場に出入りしていました（僕は数学教師の傍(かたわ)ら、オペラやミュージカルの指揮者としても活動してきました）。劇場のスタッフさんというのは、職人気質の人が多く、（特に若手の指揮者に対しては）愛想がいい人というのはほとんどいません。でも、僕は中学以来染み付いた癖でいつも

「おはようございますっ！」

と大きな声で挨拶をしていました。すると、何日かして、最初はほ

とんど無視されていた挨拶にたいして「おはようさん」と返してもらえるようになり、さらに数日後には世間話までしてくれるようになりました。そうなってからは、本番中や稽古中に助けてもらったこともたくさんあります。
　僕はそのとき、

「ああ、挨拶は人の心を開くのだ」

と痛感しました。
　似たような話は、昭和を代表するコメディアン・司会者である「欽ちゃん」こと萩本欽一さんにもあったそうです。
　欽ちゃんはコメディアンとして駆け出しの頃、ある演出家から気に入られず、「あいつは降板させよう」という話になってしまいました。でも、劇場のスタッフが

「彼の挨拶は実に気持ちがいい。辞めさせないでください！」

と、欽ちゃんの肩を持ったことから、欽ちゃんはその劇場をやめずにすみました。
　挨拶は人生さえも変えてしまう力を持っているのかもしれません。
　特に最初は、挨拶をすることが恥ずかしい気持ちはわかります。でも、

「おはようございます」
「こんにちは」

と元気よく挨拶をすることで、相手を気持ちよくさせることができれば、結果として一番得をするのはあなたです。挨拶はいくらしても減りません。それどころか、挨拶はしているうちに段々慣れてきて、そのうち全然恥ずかしくなくなります。是非、明日から実践してみてください。

（2）素直さ・謙虚さがある

　思春期の若者というのは、ふつう批判精神旺盛なものです。少年・少女時代は、大人の言うことを素直に聞いていた人も、10代も半ばになると色々なことがわかるようになってきて、大人の未熟なところ、間違っているところが目につき始めます。そういうことが度重なると「あんな大人にはなりたくない」と思うこともあるかもしれません。

　それはそれでいいんです。確かに大人は完璧じゃありません。いつの時代だって、大人への反発心が新しい世代の活力(エネルギー)になってきたのは間違いのないことですから、大人の言うことを何でも鵜呑みにする必要なんてありません。

　でも、**大人から何かを教わるときは違います。**

　普段のことはちょっと脇において、

　素直になってください。
　謙虚になってください。

　例えば、僕が教科書に載っている例題を、教科書とは違う解き方で教えたとします。もちろん、それには理由があります（たいてい

は他の問題に応用をきかせるためです)。

　でも、生徒の中には、その例題の下に載っている類題を、わざわざ教科書と同じ方法で(見よう見まねで)解こうとする子がいます。僕としては、なぜ教科書とは違う方法で解いたのかを、十分に説明できなかったことを反省しますが、一方で、同じように教えて、僕と同じ方法を試そうとする子がいれば、そちらの子に対しては、素直だなあ、信頼してくれているなあと嬉しくなり、可愛げを感じるのもまた事実です。こちらを信頼してくれている可愛げのある子には、もっと色々なことを教えてあげたいと思うのは、人情です。

　また、思春期のあなたたちは「知ったかぶり」をしてしまいがちです。昔から「井の中の蛙大海を知らず」と言います。知識や見聞が狭く、自分のいる場所の外には広い世界があることに気づかないことを戒める言葉です。

　まわりの大人のアラが見えてくると、自分の方がものをよく知っている、真実を知るのは自分だと思ってしまうものです。でもその自尊心(プライド)は、学ぶときには邪魔になります。
「人間は考える葦である」の言葉で有名なかのパスカルは

「無知を恐れるなかれ。偽りの知恵を恐れよ。」(パスカル)

と言っています。ニュートンも

「私は、海辺で遊んでいる少年のようである。ときおり、普通のものよりもなめらかな小石やかわいい貝殻を見つけて夢中になっている。真理の大海は、すべてが未発見のまま、目の前に広がっているというのに。」(ニュートン)

という言葉を遺しました。

　万有引力や微積分法を発見し、人類史上もっとも賢い人間ベスト10があったらランクインは間違いないニュートンですら、この謙虚さです。僕たちが、僕たちの誇る賢者からまず学ぶべきなのは、この謙虚さではないでしょうか？

　前に、危機感や孤独感を持つことが学力を伸ばすためには必要だとお話しましたが、**危機感や孤独感を持つためにもやはり謙虚さは絶対に必要です。**

　昔、「新選組！」という大河ドラマ（脚本は三谷幸喜さん）で

「井の中の蛙大海を知らず、されど空の高さを知る。」

というセリフがあって、うまいことをいうなあと感心しました。まだあなたは中学生ですから、大海を知らないのは仕方のないことかもしれません。でも、せめて空を見上げて、その高さから広い世界に思いを馳（は）せる想像力は持っていてください。

（3）聞き上手である

　ここで言う「聞き上手」というのは、単に相手の話を辛抱（しんぼう）強く聞けることとは違います。そういう受け身の姿勢ではなく、**相手をどんどん喋（しゃべ）らせるための、積極的な働きかけができる**という意味での「聞き上手」です。そんな、言わば**能動的「聞き上手」は「質問上手」**と言い換えることができます。

　前にも書きましたが、**僕たち教師は本来、生徒の質問が大好きで**

す。生徒が質問をしてくれるとアドレナリンが出て、やる気もうんとアップします。

「こんなことを聞いたら怒られないかな？」

とか

「おそらく簡単なことだろうから、質問するのが恥ずかしいな」

などと思う必要はまったくありません。
　再びアインシュタインの言葉を借りれば

「重要なのは質問するのをやめないこと」（アインシュタイン）

なのです。
　どうぞ質問する勇気を持ってください。集団授業の最中であっても構いません。クラスの中には、あなたの質問によって救われる友達が必ずいます。

　ここまで「挨拶をする」、「素直さ・謙虚さがある」、「聞き上手になる」の3つのポイントを紹介しましたが、全体に通じる大切なポイントは「教わる」という行為を受け身の行為だとは思わないことです。何かを教わるときは、

　教師の発想・知識・技術・経験をできるだけ引き出してやる
という能動的（積極的）な気持ちを持ちましょう。

教師を最大限に利用してください。
何を隠そう、誰よりも教師自身がそれを望んでいます。

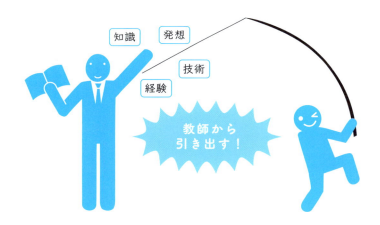

Q & A

質問　「先生を気持ちよくさせてたくさんのことを引き出すには、先生のご機嫌を取らなくてはいけない、ということですか?」

永野　「いいえ、違います。先生におべっかを使ったり、わざと先生に気に入られるような行動をしたりする必要はまったくありません。

僕の話をさせてもらうと、僕は我ながら(無意識ではありましたが)『教わり上手』な生徒だったように思います。実際、色々な先生からとても可愛がってもらいました。

そのうちの1人、高校時代の恩師は化学の先生でしたが、僕はこの先生に質問をするのが大好きで、授業中はいつも『今日は何を質問しようか』と考えていました。そして授業が終わると、その練りに練った(?)質問をぶつけていました。でも、たまにはどうしても質問が思いつかないこともあります。そんなときは先生の方から来てくれて

『おい、永野。今日は質問ないのか?』

と笑顔で話しかけてくれたものです。先生も僕の質問を楽しみにしてくれていたのだと思います。

結果として僕はその先生から、化学について教科書には載っていないような大学レベルの話をたくさん聞くことができました。これが『お得』であったことは言うまでもありません。

あなたも是非、挨拶と素直さ・謙虚さと質問で、先生に可愛がられる生徒になってください。」

読書のススメ

　前節で「井の中の蛙大海を知らず」にはならないでください、と書きました。せめて「空の高さを知る」想像力を持ってください、とも書きました。

　学校を卒業して、社会に出て、色々な場所に行って色々な人に出会えば、否が応でも、世間の広さを思い知ることになります。世の中は自分の知らないことばかりだと思うようにもなるでしょう。

　でも中学生であるあなたが、社会を知る経験をするのはおそらく難しいと思います。それならどうやって「空の高さ」を知り、外にある広い世界を想像し、謙虚になって、学びを加速させることができるのでしょうか？

　それを可能にしてくれるのが、読書です。

　読書がもたらしてくれることを端的に表している文章として、村上春樹さんのエッセイから一節を引用させてもらいたいと思います。

「いろんな種類の本を読み漁ったことによって、視野がある程度ナチュラルに『相対化』されていったことも、十代の僕には大きな意味合いを持っていたと思います。本の中に描かれた様々な感情をほとんど自分のものとして体験し、イマジネーションの中で時間や空間を自由に行き来し、様々な風景を目にし、様々な言葉を自分の身

体に通過させたことによって、僕の視点は多かれ少なかれ複合的になっていったということです。つまり今自分が立っている地点から世界を眺めるというだけでなく、少し離れたよその地点から、世界を眺めている自分自身の姿をも、それなりに客観的に眺めることができるようになったわけです。」

（村上春樹『職業としての小説家』より）

　例えば今、雨が降っているとしましょう。
　強くも弱くもない、ふつうの雨です。何の気なしに生活していると、

「今日は雨だな」

くらいにしか思わない雨です。
　でも、農村地帯で記録的な日照りが続いた後、もうあと何日かしたら農作物が全部枯れてしまうかもしれないというときに、同じくらいの雨が降ったら、その雨はきっと「救いの雨」となり、希望になります。
　反対に、その日に開催される予定の花火大会を主催している人たちにとっては「恨みの雨」となり、絶望を感じるかもしれません。
　またかつて、広島では原爆投下後に降った雨が、爆弾が炸裂したあとの泥やほこりやススなどを含んだ重油のような「黒い雨」となり、この雨が大量の放射性物質を含んでいたために多くの二次的な被曝被害者を出したこともありました。
　以上はほんの数例ですが、同じ「雨」が希望になることも、絶望になることも、死に繋がることもあり得るということを、読書は教えてくれます。

実際には経験しなくても、僕たちは本を通してそういう様々な立場（現実）がある（あった）ことを知るわけです。

「我思う、ゆえに我あり」という哲学史上もっとも有名な言葉を残し、数学者でもあったデカルトは

「良き書物を読むことは、過去のもっともすぐれた人々と会話をかわすようなものです。」（デカルト）

と言っています。
　今、あなたも、この本を通して僕と「出会って」いますね。僕が『すぐれた人』であるかどうかはさておき、少なくとも僕はあなたと「会話」をしているつもりでこの本を書いています。
　この本がなかったら、おそらくあなたと僕が出会うことはなかったでしょう。そして、この本と出会ったことによってあなたは、あなたにはなかったものごとの見方を少しは手に入れてくれているだろうと僕は強く期待しています。
　もちろん僕だけでなく、あなたが希望すれば、あなたは本を通して夏目漱石やヘミングウェイと出会うこともできますし、イエス・キリストやモーツァルトの言葉に触れることだってできます。

**　本には無限の出会いがある**

のです。
　その**出会いの数だけあなたはたくさんのものごとの見方を手に入れて、外の世界の広さを実感するでしょう。自分のものの見方が、たくさんある見方の１つに過ぎないこともわかると思います。**村上

春樹さんの言う視野の「相対化」とはそういう意味です。

　本の中で、言葉も場所も時代も飛び越えて、様々な「すぐれた人々」と出会うことは、どんな娯楽よりも刺激的だと僕は思います。

「色々な立場を知り、色々な人と『出会う』のは、TVとかマンガでもできるんじゃないの？」

と思う人もいるかもしれませんね。
　確かに出会うだけなら、本に限定しなくてもある程度は可能でしょう。でも本の歴史と映像やマンガの歴史とを比べれば、本の方が圧倒的に豊かな世界を持っていることは確実です。
　それに本にはもう1つ、TVやマンガにはない、とっておきの恩恵(おんけい)があります。

　まずは実験です。次の一文を読んでください。

「恋に落ちる」

　さあ、たった5文字のこの文章によって、今、あなたの想像（妄想？）は、どんどん膨らんでいませんか？　あなたがこれまで本当の恋愛をしたことがなくても、多少はしたことがあったとしても、その経験の有無に関わらず、あなたの脳は（ほとんど勝手に）あなたの思う「恋に落ちる」という状況を、映像としてイメージさせてくれているはずです。想像力が豊かであれば出会ってから恋に落ちるまでのストーリーを作り上げてしまうことだってできるかもしれ

ません。しかも出来上がったイメージなりストーリーなりは、あなたにとって完璧に共感できる、理想的なものでしょう。

　文章を読む、とはこういうことです。**どんな文章も想像力なしに読むことはできません。**コンピュータの世界では、テキスト（文章）はもっとも情報量が少ない「軽い」情報で、動画は情報量がもっとも多い「重い」情報ですが、人間の脳にとってはおそらく逆です。動画は人間の想像力を奪い、脳の働きをある意味固定してしまうのに対して、**文章を読むことは人間の想像力を際限なく育ててくれます。**

「想像力」が学ぶ上で、そして生きていく上でどんなに大切であるかは、今更僕が言うまでもありませんね。

　読書が学びにもたらす可能性について、こんな好例があります。
　神戸市にある灘中・高校に、かつて**橋本武先生**という方がいらっしゃいました。橋本先生は既に他界されていますが、日本一の進学校にあって「伝説の国語教師」の異名を取った方です。
　橋本先生の授業がユニークだったのは、中学の３年間、教科書は一切使わずに、中勘助という人が書いた『銀の匙』という１冊の小説をじっくり丁寧に読み込む「スローリーディング」を授業で実践されていたところです。
　この試みは灘高が日本一の進学校になる前から始まりました。そして『銀の匙』で学んだ初代の生徒たちは15名が東大に合格。その６年後の２代目は京大合格者数で日本一になり、３代目である1968年の卒業生は、ついに東大合格者数でも日本一になりました。まさに「伝説」の名にふさわしい実績です。
　『銀の匙』は文庫では220頁程度の本ですから、決して長大な小説

というわけではありません。それでも、これだけの実績があげられたということは、（取り組みようによっては）

**1冊の本との出会いが、
知力と想像力の両方を最高レベルまで引き上げ得る**

ことを示していると思います。

　悲しいことに読書人口は年々減ってしまっているそうです。
　毎月1冊以上単行本を買い、日々書店に通い、新刊情報を気にする人は日本全国で500〜600万人程度、という試算もあります。
　この計算が正しいとすれば、**日常的に読書をしている人は国民の5％程度に過ぎない**、ということになります。しかし、この5％の人々は読書をしない95％の人々に比べて、遙かに多くのものごとの見方と豊かな想像力を手に入れて、人生を謳歌し、おそらくは「選ばれた人」として各界でリーダー的な役割を果たしていることでしょう。
　読書の習慣は大人になってからはなかなか身につきません。
「選ばれた5％」に入りたいのなら、今がチャンスですよ。

質問「親や先生からも『本を読め』と言われていますが、どんな本を読んだらいいかわからないし、そもそも本を読むのが苦痛です。どうしたらいいですか？」

永野「そういう生徒さんは多いですよね。

でもあなたは今、実際にこの本を読んでくれているのですから、まったくの本嫌い、というわけではないと思います。

活字の本になかなか手が伸びない人は、もしかしたら、**『良い本を読まなくてはいけない』**と思いすぎていませんか？ 確かに世の中には『良い本』と『そんなに良いわけではない本』があって、もちろん『良い本』を読んだ方がいいわけですが、**どんな本でも読まないよりは読んだ方がいい**と僕は思います。

最近、本屋には行きましたか？

欲しい本が決まっている場合は、ネットも便利ですが、特に決まっていない場合は、親からお小遣いをもらって本屋に行くことをおすすめします。そして、ぶらぶらと店内を歩いてみてください。

好奇心がひときわ鋭い年頃です。音楽でもスポーツでも好きな有名人のエッセイでも、ドラマや映画のノベライズでも、きっと少しは興味がわくものが見つかるのではないでしょうか？ そのあたりを糸口にするのはどうでしょう。まずは**本を開いて活字を追う、という習慣を付けることが大事なので、『興味が持てる』ということを最優先にして探してみてください。**」

第3章

学力を伸ばすために知っておくべきこと
（技術編）

中学生からのノート術

　この章は「技術編」です。勉強で成果を出すためのより具体的な方法をお話ししていきます。まずはノート術からです。
　術とは言っても、「真ん中に縦線を入れる」、「右頁にメモ欄をつくる」、「左上に日付を書く」……などの「形式」についてお話する気はありません。それは、好きなようにやってください。ただ、1点だけ必ず気をつけて欲しいことがあります。それは

ノートは未来の自分のために書くもの

という目的を忘れないことです。

　小学校のとき、ノートは何のために取っていましたか？
　先生に「僕（私）は授業を聞いていますよ」とアピールするためだったという人はけっこう多いのではないでしょうか。少なくとも僕はそうでした。学校で取ったノートを家で見返した、という記憶はほとんどありません。
　でも中学に入ると、中間・期末試験が始まって、6〜10週間分くらいの授業内容を一挙に勉強する必要が出てきます。もし、1ヶ月以上前に聞いた話を100％記憶できるなら（そんな人はいないと思いますが）ノートなんて取らなくていいでしょう。でも実際は、人間は忘れる生き物なので、授業の度にノートを取って未来の（＝試験前の）自分のために残しておく必要があるのです。

先ほど、ノートを取るときの形式については「好きなようにやってください」と書きましたが、

- **後で自分が見るときに**
- **どう書いてあったら見やすいかを一番に考える**

ようにはしましょう。
　例えば、ノートは科目別に分けた方がいいでしょうね。

「1科目1冊」が基本

です。
　ときどき、1冊のノートに英語も数学も社会も日付順に書いてしまう人がいますが、これでは後で読み返すときにとても読みづらくなってしまいます。
　それからルーズリーフについて。僕は自分の塾の生徒には

ルーズリーフを禁止

しています。なぜなら今まで（教え始めて20年以上になりますが）ルーズリーフを使って成績が伸びた子がいないからです。ルーズリーフに書くのは、1冊のノートに書いていくのに比べて真剣味が薄いような気がします。ルーズリーフに書くのはチラシの裏とか、どこかでもらったメモ帳とかにさらっと書くような感覚に近くて、──1冊の本として──しっかり「残す」という感覚になりづらいのかもしれません。最初はバインダーに綺麗にまとめるつもりでも、そのうちに管理がいい加減になりがちで、何枚か抜け落ちてし

まうということもよくあります。
　また、

字は大きめ、行間は広く、余白はたくさん

にすることをおすすめします。
　時々、新聞のような小さな字で隙間(すきま)なくノートを書く人がいますが、そういうノートは、おそらく本人もあとで読む気にならないのではないでしょうか？
　ノートに関してはもったいない、と思う必要はありません。**ノートは大胆に使ってください。**
　それから、最後にもう1つ、ノートを取るときに是非実践して欲しいことがあります。それは

感情（感動）を書く

ということです。
　ちなみに、あなたはどのようなノートが最高のノートだと思いますか？
　綺麗な字で書かれたノート？
　読みやすく書かれたノート？
　もちろん、どちらもいいノートではありますが、「最高のノート」とは言えません。**最高のノートとは、あなた自身の感情（感動）があなたの言葉で書き添えられているノートです。**
　ふつうの子は先生が黒板に書いたことをそのまま写すだけですが、ノートを取るのがうまい子は皆、授業中に先生が口で言っただけのことのうち、「大事そうだ！」と思ったことや、「面白い！」と

思ったこと、また授業内容について「なぜだろう？」と思ったこと、「難しい……」と思ったことなどをメモします。つまり、授業を受けていて感情が動いたときに、すかさずその感情の動きをメモしておくわけです。

　これがあとで読み返したときに、絶大な力を発揮します。
　この章の後半で記憶術について触れるときに、詳しく書きますが、記憶を定着させるコツは感情を動かすことです。
　ただ板書を書いただけのノートは試験前に読み返しても無味乾燥な文字の羅列にしか見えません。
「こんなこと習ったっけ？」と思うことも少なくないと思います。でも、授業を受けたときの自分の感情の動きが板書の横に書いてあれば、授業を受けたときの感情も一緒に思い出すことができます。
「ああ〜、こんな話あったなあ！」となって鮮明に思い出すこと請け合いです。

　キリストや釈迦と並んで「世界三大聖人」の1人に数えられる孔子の言葉をまとめた『論語』という本の中にこんな一節があります。

「黙してこれを識し、学びて厭わず、人を教えて倦まず」（黙って聞いて物事を知る。勉強に飽きることがない。人に教えて嫌になることもない。）

　要は、「聞く→考える→教える」の3ステップが勉強の基本姿勢だというわけです。
　僕は学生の頃、たまに友達に勉強を教えると、友達より自分自身の方が勉強になることに気づきました。そこで編み出した勉強法

が、一人カラオケならぬ「一人授業」です。一人授業については拙書『東大教授の父が教えてくれた頭がよくなる勉強法』(PHPエディターズ・グループ) に詳しく書きましたので、興味があれば読んでみてください。

「聞く→考える→教える」の3つのステップを全うし学びを成熟させるために「一人授業」はおすすめですが、人によってはちょっとハードルが高く感じられるかもしれません。でも、未来の自分のためにノートを書くことは誰でもできます。しかもそれは（自分を相手に）「教える」のとほぼ同じ行為なので効果はバツグンです。

たかがノートと侮ることはできません。未来の自分のために、読みやすく、親切に、そして「こんなことを習ったよ！」という感動も教えてあげるつもりでノートを書けば、あなたの勉強の効率はぐっとアップするでしょう。

質問「確かに、よくできる子のノートを見せてもらうと、板書以外のことが書いてあったり、内容がまとめられていたりして、すごいなあと感心しますが、自分は授業に遅れないようにノートを取ることに必死で、内容について考えたり、感情を持ったりする余裕はないのですが……。」

永野「もし授業中に余裕がなければ、**授業が終わってから、ノートをざっと見返して、先生の言葉や、疑問に思ったことや、単なる授業の感想などを書いてみるのはどうでしょう？** 貴重な休み時間が少し減ってしまうかもしれませんが、2〜3分もあればできてしまうと思います。そしてこれを習慣づければ、そのうちに授業中にも同じことができるようになりますよ。

　よほどの板書魔（？）でない限り、授業中でも少しくらいの時間の余裕はあるものです。

　いずれにしても、**あなたが書くノートを読むのはあなた自身**です。そう思えば、**できるだけわかりやすく、親切に書いてあげよう**という気持ちになれるのではないでしょうか。そこから色々な工夫も自然と生まれてくるはずです。是非、色々と試してみてください。あなたなりの工夫があるノートであれば、『**ノート点**』**も高くなりますよ。**」

2 アクティブに学ぶ 〜調べる〜

　勉強で「なぜだろう？」、「どうしてだろう？」と思うことの大切さはすでに書いたとおりです。また、積極的に先生に質問をすることで、先生の知識・経験・技術・発想を引き出すこともおすすめしました。

　この節では、中学生になった今だからこそ身につけてほしい一歩進んだ勉強の姿勢をお話します。それは

能動的な勉強（アクティブ）

です。

　例として、次の問題を考えてみましょう。

【問題】次の2直線の交点を求めなさい。

$$\begin{cases} y = x + 1 \\ y = \dfrac{1}{2}x + 3 \end{cases}$$

　これは、中学2年生で習う内容です。まだ習ってない人は適当に（太字を拾い読みしながら）読み飛ばしてくださいね。

　もう習った人にとっては、そんなに難しくない問題だと思います。

「直線の交点は、連立方程式の解」 でしたね。

【解答】

$$\begin{cases} y = x + 1 & \cdots ① \\ y = \dfrac{1}{2}x + 3 & \cdots ② \end{cases}$$

を連立方程式と見なします。①を②に代入。

$$x + 1 = \frac{1}{2}x + 3$$

$$\Rightarrow x - \frac{1}{2}x = 3 - 1$$

$$\Rightarrow \frac{1}{2}x = 2$$

$$\Rightarrow x = 4$$

①より、

$$\Rightarrow y = 4 + 1 = 5$$

よって、求める交点は

$$(x, y) = (4, 5)$$

はい。交点は $(4, 5)$ と求まりました。

能動的な勉強は、ここから始まります。まず、この結果を

本当かな？と疑いましょう。

「聞く→考える→教える」の「聞く」の段階では素直さ・謙虚さが大切ですが、**「考える」の段階に進んだら、疑ってみることもまたとても重要です。**求めた交点が正しいかどうかは、グラフを方眼紙に書いてみればすぐにわかります。

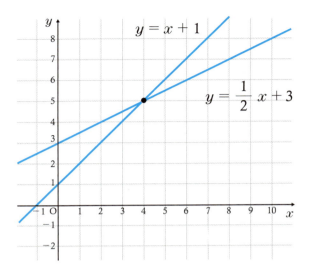

確かに交点は (4, 5) ですね。答えは正しいようです。

次に、**なぜ、連立方程式を解いたら交点が求まるのだろう？** と疑問に思うことも忘れてはいけません。もちろん、これを先生に質問するのもいいでしょう。ただ、先生に質問するタイミングがつかめないときもあると思います。そんなときこそ是非、

自分で調べる

という段階に一歩進んで欲しいのです。

人に聞く以外の調べる方法は大きく分けて2つあります。もちろん**本とインターネット**ですね。

ネット社会の現代では、インターネットを使って調べるのがもっとも手っ取り早いでしょう。ただ、**ネットにある情報というのは間違っている可能性もあります。** ネットで調べものをするとき、間

違った情報に惑わされないようにするための基本は

・原典（出どころ）をあたる
・複数のサイトを調べる

という2点を守ることです。
　知ってのとおり、スマホやPCはいわゆるコピペが簡単にできてしまいます。他人の文章や写真等を（悪意がない場合でも）一瞬で引用できてしまうのです。
　心ある書き手であれば、引用についてはどこから引用したものであるかをリンク等の形で記事の中に明記してありますから、まずはそのリンクを辿ってみて、ここが原典だな、と思えるところまでさかのぼってみましょう。
　またある1つの「事実」を突き止めたとしても、同じ事実が書かれているサイトが他にないときは、その事実を信頼することはおそらくできません。「事実」が真実であれば、（コピペではなく）同じ内容の情報が載っているサイトが複数あるはずです。
　とはいえ、原典が辿れないことも、デマが拡散してしまっていることもネットでは珍しくありませんから、**ネットの情報について確実に正しいと判断するのはとても難しい**ということは忘れないでください。目安としては、ネットの情報は「人の噂」と同じようなものと考えるのがちょうどいいと思います。

　そこで、やはり**頼りになるのは本**です。
　本に載っている情報が100％正しいとは言いませんが、

ネットに比べれば、

本の信憑性(しんぴょう)(信用できる度合い)は、遙かに高い

と言えるでしょう。特に、学校の図書室や街の図書館にあったり、大手の出版社から出ていてロングセラーになっていたりするものは信頼していいと思います。

本を調べるときに一番大切なのは、根気です。

1冊や2冊調べて知りたいことが載っていなかったからといって、決してあきらめないでください。5冊、10冊……と調べていけば、きっと知りたい情報を見つけられるはずです。

例えば、先の「直線の交点は、連立方程式の解」については「関数のグラフとは、その関数の式を満たす(代入できる)点の集合であり、2直線の交点はそれぞれの直線の式を同時に満たす点であるから、連立方程式の解である」という説明が(それほど苦労なく)見つかります。

当然、本を調べる技術を磨くには経験が必要です。

最近は、高校生や大学生・社会人でも「自分で調べる」ということができない人が多くなっています。特に本を調べられる人はとても少ない印象があります。

「読書のススメ」にも書きましたとおり、本には人類の歴史が始まってから後のすべての叡智(えいち)(すぐれた知恵)が詰まっています。**本を調べる技術を身につければ、これらの叡智をわがものとできるのです。**これがどれだけすごいことであるかは改めていうまでもないでしょう。中学生というのは本を調べる練習を始める最良の時期であると僕は思います。

僕が「自分で調べる」ことを強くすすめるのは、本という巨大な知恵を手にして欲しいからというだけではありません。自分で調べ

る勉強は、「能動的な勉強」であり、なんといっても**能動的な勉強は身につく**からです。

　この本の中でこれまで、「**勉強を好きになってください**」とお願いしたのも、「**孤独感や危機感が必要**」と書いたのも、「**疑問に思うことが大切**」と繰り返し強調しているのも、「**勉強＝暗記ではない**」ことを知ってもらったのも、**実はすべてこれが理由**です。

　人から言われてイヤイヤやる勉強は身につきづらいものですが、**自分が知りたい・わかりたいと思ったことを能動的に学んでいく勉強は、びっくりするくらい身になります。**

　しかも「調べる」という行為はその時間が長ければ長いほど増々知りたくなるという素晴らしい副作用を持っています。

　この本で出会ったあなたには、是非中学生である今から調べる勉強の醍醐味を味わってもらいたいです。

調べることで、能動的な勉強を！

Q & A

質問「図書室や図書館に行く時間がなかなかありません。それにそういう所は、参考書の類はあまり多くないので、調べても知りたいことがなかなか見つからないように思います……。」

永野「確かに部活や習い事などで忙しいと、ゆっくり図書館や図書室で調べ物をする、という時間は持てないかもしれませんね。そんな人は、休みの日などに**大きめの本屋さんに行って、色々な参考書を手に取ってみましょう**。そして、例えば『グラフの交点』についての記述を比べてみるのです。**大事なのは、同じ項目についての書き方を比較する**ことです。

すると中に、あなたの知りたいことに1番近いことが書いてある本が見つかるはずです。**そういう本には、あなたが今後調べたいと思うことについても、良い答えが載っている可能性が高い**です。是非その本を買ってもらいましょう（多分、買ってもらえます）。

そして、その本（おそらく厚い本でしょう）は片っ端から読むというよりは、**調べ物をするための事典的な役割の本**として、手元に置いておきましょう。そういう詳しいことが書いてある『調べる用の本』を持つことは、大いに勉強を助けてくれると思います。」

3 記憶の種類とポイント

ここからは「記憶法」についてお話ししていきます。

これまで「勉強＝暗記ではない」と言っておきながら、記憶法について書くなんて矛盾していると思うかもしれませんが、試験で点を取るためには、英単語、地名、化学式などの知識を記憶する必要があるというのは（残念ながら）事実です。

僕は、もともと暗記がとても苦手でした。だから学生時代は色々な暗記法を試し、失敗もたくさん経験しながら「これはいい！」と思える方法を見つけて（編み出して）定期テストや受験を乗り切ってきました。

次節以降、そのうち特に効果が高かったものを、厳選してお伝えしていきますが、その前に、本節では**記憶の種類**と**ポイント**をお伝えしておきたいと思います。

記憶の分類

記憶には大きく分けて次の3つの種類があります。

- **感覚記憶**
- **短期記憶**
- **長期記憶**

感覚記憶とは、無意識のうちに**目や耳などの感覚器官で1〜2秒程度の瞬間だけ保たれる記憶のこと**を言います。
　ゲームなどに集中しているとき、お母さんに

「ごはんできたわよ！」

と突然声をかけられると、一瞬何を言われたかわからないと思いますが、そんなときでも耳の中に残っている「ご・は・ん・で・き・た・わ・よ」の音を再生して、

「え？　あ、はーい」

と受け答えできたという経験はありませんか？
　それが感覚記憶です。
　感覚記憶は無意識のうちにすぐ消えてしまいます。僕たちは生活の中で、大量の感覚記憶をほんの一瞬だけ保持し、そのほとんどを気づかないうちに失っているのです。

　短期記憶とは、大量に消費されていく感覚記憶の一部に意識を向けてあげることで、**数十秒〜数日程度保たれる記憶のこと**をいいます。
　もし僕たちに感覚記憶しかないとすると、数秒以上続く話を聞き終わったとき、話の最初を覚えていることができません。

「おい、この間のテストの点数、あれは何だ！　だいたいお前はいつも授業中ぼーっとしているから、あんな点数になるんだ。家でちゃんと勉強しているのか？　今度あんな点数を取ったら居残りだ

からな!」

という先生の説教も

「…………だからな!」

しか記憶できずに、話がまったく理解できないでしょう(そのほうが都合いいときもあるかもしれませんが……(笑))。
　短期記憶とは言わば「点」である「今」をつなげて「線」にするために必要な記憶だと言えます。

　長期記憶とは、短期記憶の一部が言語やイメージ、シンボル等に変換されて長期間保持される記憶のことです。人が長期記憶できる分量は無限であるとされていて一度長期記憶になったものは、(脳機能が正常である限り)一生忘れることがありません。

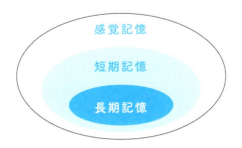

　僕たちが勉強で目指すべきなのはもちろん「長期記憶」です。明日の定期テストを乗り切るためだけなら、一夜漬けで「短期記憶」に頼るという選択肢もあるかもしれませんが、高校受験や大学受験ではそういうわけにもいきません。

長期記憶についてはもう少し詳しくお話します。

長期記憶の分類

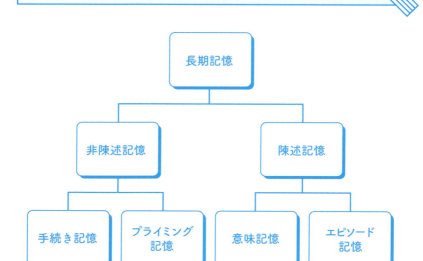

長期記憶はさらに上の図ように分類されます。

非陳述記憶とは言語で表現できない記憶のことでこれには**手続き記憶**と**プライミング記憶**があります。

手続き記憶とは自転車の乗り方とか泳ぎ方とかいわゆる**「体で覚えた記憶」**のことです。確かに、一度自転車に乗れるようになってしまえば、しばらく乗らなくても、乗り方を忘れるということはふつうありませんね。

一方の**プライミング記憶**とは、**先入観の影響を受ける記憶**のことで、**「入れ知恵記憶」**なんて言われることもあります。

例えば、

　トマト、レタス、にんじん、かいわれだこいん、ねぎ、ナス

と野菜の名前が並んでいるとします。ぱっと見て、誤字があるのがわかりましたか？　そうですね。「かいわれだこいん」という野菜はありません。でも多くの人はこれを「かいわれだいこん」と読みます。なぜなら「野菜の名前が並んでいるなあ」という先入観によって、文字を正確に読むより先に、脳の中の「かいわれだいこん」が呼び起こされるからです。

　プライミング記憶は上手に利用することで速読などに役立てることもできますが、ここではそれには触れません。

　中学生の皆さんの勉強において、**大切なのは、陳述記憶の方**です。陳述記憶には**意味記憶**と**エピソード記憶**の2つがあります。

　意味記憶というのは文字通り、**言葉の意味やものごとの定義についての記憶**のことです。英単語の意味を覚えたり、年号を覚えたりするのは典型的な意味記憶です。

　一方の**エピソード記憶**とは**個人的に体験した出来事についての記憶**を言います。例えば

・小学5年生のとき、夏休みにおばあちゃんの家に行って縁側でスイカを食べた

という記憶はエピソード記憶です。

　そして──ここが重要です──**意味記憶は「単純暗記≒丸暗記」**

なので何度も何度も反復してようやく覚えられる記憶なのに対して、エピソード記憶はたった1回の体験で記憶されます。

どちらの方がいいですか？
それは、もちろんたった1回で一生忘れない「長期記憶」になる「エピソード記憶」の方ですよね。次節では「エピソード記憶」を勉強に活かす方法をお話します。

記憶力を高める7つのポイント

最後に、アメリカの心理学者ケネス・ヒグビーが提唱している「記憶力を高める7つのポイント」を紹介しておきましょう。

ヒグビーによると、強く記憶に残るものは次のいずれかの特徴を少なくとも1つは持っているそうです。

① 『意味がわかる』
② 『ルールがある』
③ 『他のものを連想しやすい』
④ 『イメージ（映像）が浮かぶ』
⑤ 『注意を向けている』
⑥ 『面白い』
⑦ 『覚えたことを確認できる』

逆に言うと、このどれにもあてはまらないことを覚えるのはとても難しくなります。覚えるべきことにはこれらの特徴を自分で見つけたり、作ったりするという作業が必要になるでしょう。

質問　「記憶には種類があることも、記憶力を高めるポイントがあることもわかりましたが、暗記のコツを一言で言うと何ですか？」

永野　「僕は間違いなく、『記憶力がよくない人』のグループに属していて初めは暗記がとても苦痛でした。でも途中から、暗記がそんなに苦手ではなくなりました。その具体的な方法は次節以降に紹介していきますが、**全体に共通するコツを一言で言えばやはり『楽しむこと』**です。

　これについては、『世界記憶力大会』で5年連続スウェーデン1位となり『記憶アスリート』としての活動を続けている**イドリズ・ズガイ氏**が面白いことを言っています。

『正常な機能を持つ脳は、重要でない情報を整理してしまう。重要であると判断した情報についてはニューロン（記憶に使われる神経細胞）どうしが強く結びつく。では脳は何を『重要である』と判断するのだろうか？　それはその情報が脳にとって好ましいかどうかである。もっと言えば楽しいかどうか。すなわち楽しんで記憶することでニューロンどうしの結びつきは強くなり、より記憶は定着すると言える』

　暗記は本来つまらない作業ですが、そこに**楽しみを見つけられるような方法を考えることが大切**なのです。」

4 永野式記憶法（1）
～ストーリー記憶法～

　前節で予告した通り、ここではたった1回の経験が長期記憶となる「エピソード記憶」を、勉強に活かす方法を紹介します。

　僕たちは、面白いと思った小説やマンガ、ドラマや映画などはたった1回読んだり観たりしただけで記憶にとどめることができますね。昔観た映画の話を今でも覚えているという人は珍しくありません。何度も観たわけではないのに長い間覚えていられるのは、僕たちが物語の中にあるエピソードをバーチャル（仮想的）に体験しているからです。物語に共感し、物語の中に入り込めたときほど、実際にそのエピソードを体験したのと近い状態になりますので、作品の記憶も強くなります。

　ではなぜ、教科書やノートの内容は1回読んだだけでは頭に入らないのでしょうか？

　それは効率を優先するあまり、結果だけを暗記しようとするからです。

結果は物語で言えばエンディングです。

　TVでチャンネルを適当に変えている最中にたまたま映った映画やドラマのエンディングのことをずっと覚えていられる人がいるでしょうか？　たぶんほとんどいないと思います。

　勉強で、脈略もわからずに結果（知識）だけを頭に入れようとす

るのは、ストーリーのわからない映画のエンディングを覚えようとするのと同じです。これは意味記憶に他ならないので、1回では到底覚えられません。何度も何度も反復する必要があります。実は、

　結果だけを丸暗記しようとするのはもっとも効率が悪い記憶法

です。
　例えば理科で、

　　食塩水は水より沸点が高い

という知識を覚える必要があるとします。この事実だけを覚えるのは意味記憶です。そこに脈略はないので、覚えたつもりになったとしても、数ヶ月後には

「あれ？　食塩水と水はどっちの方が沸点が高いんだっけ？」

と記憶が曖昧になる可能性は十分にあります。
　でも、以下のようなストーリーを理解していたとしたらどうでしょう？

《「食塩水は水より沸点が高い」のストーリー》
　沸騰とは、液体から気体になる分子の圧力が大気圧（外圧）以上になったときに起きる現象のこと。食塩水の中の食塩分子が気体になることはない（なるとしてもうんと高い温度のとき）ので、同じ温度では水よりも食塩水の方が気体になる分子の数が減ってしまう。気体分子の圧力は気体分子の数に比例するので、食塩水が沸騰する

（気体になる分子の数が大気圧に負けないだけの数になる）には、より高い温度が必要である。

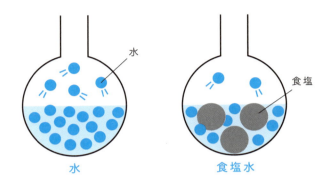

今度は、もう忘れるとか忘れないとかの問題ではない感じがしませんか？　上の7行の**ストーリーを理解した人は「食塩水は水より沸点が高い」という結果（エンディング）を、一生忘れない（というより忘れたくても忘れようがない）**はずです。

ぱっと見は、「食塩水は水より沸点が高い」という一文をただ覚えることの方が、7行のストーリーを頭を使って理解するより楽に思うかもしれません。でもそれは**大きな誤解**です。

意味記憶として脈略のない一文を覚えるためには、何度も反復する必要があります。でも、ストーリーは一度理解すればエピソード記憶として長期記憶になります。

しかも、**ストーリーを理解するということは、知的好奇心を刺激すると同時に、やる気の種を育てる「真の理解」（38頁）にも繋がります。**結果として

**ストーリーを理解することは、
単なる知識の暗記よりはうんと楽しい**

はずです。

　また、1つのストーリーの理解は、たいてい他のストーリーの理解に繋がります。次節で詳しく触れる通り、他の知識と繋がった知識はさらに忘れづらくなります。

　各教科の教科書や参考書にはたくさんの知識が載っています。でもその知識にばかり目を奪われてはいけません。知識の多く（全部とは言いませんが）にはストーリーがあります。

**勉強とはつまるところ、
知識の裏に潜むストーリーを見つけようとする活動のこと**

です。

　僕はこの本の中で、ついつい見過ごしがちなストーリーを見つけるためのキーワードを既にお伝えしています。もうわかりますね？
　そうです！　**「なぜ？」**と**「どうして？」**です。これらの言葉をいつも勉強の中心に置いておくことは、脳力を鍛えるためだけでなく、**暗記の効率を上げ、暗記を楽しくするためにも大いに役立ちます。**

知識と知恵の違い

　知識（knowledge）と**知恵（wisdom）**は似ている言葉ですが、そ

の意味するところはだいぶ違います。辞書（大辞泉）には

- 知識：ある事柄などについて、知っている内容。
- 知恵：物事の筋道を立て、計画し、正しく処理していく能力。

とあります。

「結果」はいつも知識です。

一方、結果に至るストーリー（プロセス）の理解は知恵です。知識はしつこいくらいの反復を通して、意味記憶にならなければ消えてしまいますが、ストーリー記憶を通して手に入れた知恵は忘れようとしても忘れることができません。

72頁で紹介したアインシュタインの言葉の中にある「なお残るもの」も、まさに知恵のことであり、ストーリー記憶法とはつまり、

- 知識から知恵を引き出し、
- 一生忘れないものとして頭に蓄えるための方法

なのです。

ストーリーを理解すれば
知恵になる！

質問　「ストーリー記憶として覚えた方が結局は近道で、楽しさにも繋がることはわかりましたが、英単語とか、歴史の年号とかは知識として覚えるしかないと思うのですが……。」

永野　「言いたいことはよくわかります。そして、勉強の中には、意味記憶としてしか記憶する術のないことがらも確かにあります。でも、おそらくそれは、**今あなたが思っているより、ずっと少ない**はずです。

　ストーリー記憶が使えることは、『**考えればわかること**』と言い換えることもできます。

　理数系科目はそのほとんどをストーリー記憶にすることができます。

　例えば数学では、定理や公式は『結果』で、その**証明はストーリー**です。証明を理解しておけば、定理や公式は必要に応じてその場で導くことができるでしょう。

　また文系科目であっても、歴史には文字通りの物語がありますし、英語の単語や構文も、接頭・接尾語や派生語、もともとの意味などに注目すれば、その多くにストーリーを付けることができます。

　一度、ストーリー記憶に目覚めると、勉強することがらを『考えればわかること』と『覚えるしかないこと』に仕分けするようになります。そしていかに後者の割合を減らしていくかが、勉強の醍醐味です。」

5 永野式記憶法（2）
～メモリーツリー～

テストのとき

「えっと……なんだっけ……？
　教科書の右側に書いてあったのは確かだけど……（涙）」

と、覚えたはずの単語や覚えたはずの人の名前が出てこないことってありますよね。

　まったく見たことがない単語とか、教科書のどこに載っているかもわからない人の名前ならあきらめもつきますが、脳みその中に入っている感じはあるのに、出てこないというのは悔しいものです。このような「記憶」は、例えるなら、持っていることは確実なのにどこかにしまいこんでしまった文房具のようなものです。「持っているのに見つけられない」のと「初めから持っていない」のは違いますが、「その文房具を使えない」という意味においては同じに

なってしまいます。

　記憶も「覚えたのに思い出せない」ものは使いものになりません。

　そこで、この節では「覚えたものを確実に思い出せる」ようになるための方法をお話したいと思います。

記憶の3ステップ

記憶には次の3つのステップがあります。

【記憶の3ステップ】
（1）覚える
（2）保つ
（3）思い出す

注）専門的にはそれぞれ（1）記銘→（2）保持→（3）想起と呼ばれています。

　大事なのは、この3つのステップを意識して、それぞれを強化していくことです。

　僕の見るところ、学生の皆さんは、（1）と（2）はとてもよく頑張っていると思います。でも（3）については出たとこ勝負というか、覚えることとそれを保つことさえしっかりやっておけば自然と思い出せるだろうと思っている人がほとんどのようです。

　文房具を手に入れることやそれを大切にしまっておくことは、その文房具がいつでも使えることとは別のことですよね。やはり見つけやすい場所にしまっておかないといざというときに使えなくなっ

てしまいます。記憶も同じです。

■ 覚えたものは思い出しやすい状態でしまっておかないと、
■ いざというときに思い出すことができません。

では、「思い出しやすい状態」の記憶とはいったいどのような記憶のことをいうのでしょうか？　それは

■ 他の記憶にヒモ付けされた記憶

です。

僕たちはふだんあまり意識しませんが、脳の中にはものすごくたくさんの情報が詰まっています。人間の脳の容量は1TB(テラバイト)とも10TBとも言われていて、1TBはおよそ新聞100万日分（約2740年分！）です。10TBならさらにこの10倍ですから、なんともすごい情報量です。

この「記憶の海」の中に、新しい知識が入ってくるとしましょう。それはほとんど海に向かってダイヤを投げ入れるようなものです。そのダイヤ（知識）は「海の中にあるのは確実」ですが、これを再び見つけるのは絶望的な感じがしますよね？

でも、新しい知識を他の記憶（知識）とヒモ付けしておけば、そのヒモの一端をたぐり寄せることで、イモヅル式に新しい知識を引き出すことができるはずです。

そのための強力なツールを紹介します。

メモリーツリー

　記憶の3ステップにおける「想起（思い出す）」を強化するために、記憶どうしの結びつきを可視化する（目に見えるようにする）ツール、それが**メモリーツリー**です。

　メモリーツリーは、いわゆるマインドマップの一種で、マインドマップが記憶力や発想力を強める効果があることは様々な形で実証されています。

【メモリーツリーの作り方】
① 「テーマ」を決める
② 「テーマ」に関連するキーワードを書き出す
③ キーワードをいくつかのカテゴリーに分類する
④ 新しい紙を用意して、「テーマ」を中央に配置し、そのまわりにカテゴリー、カテゴリーのまわりにキーワードを配置していき、それらを線で結ぶ

　例えば、あなたが「密度」について

$$\frac{質量}{体積} = 密度$$

という定義式を新しく勉強したとします。これは45頁でも触れた「$\frac{B}{A} = C$」の形をしているので「定義式（意味を数式で表したもの）が分数」をテーマにしたメモリーツリーを作ってみましょう。

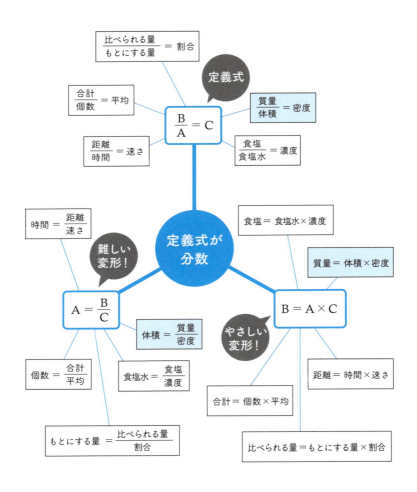

カテゴリーは

$$\frac{B}{A} = C, \quad A = \frac{B}{C}, \quad B = A \times C$$

の３つにしました。

このようなメモリーツリーを作れば、

$$\frac{質量}{体積} = 密度$$

も、これを変形して得られる

$$体積 = \frac{質量}{密度}, \quad 質量 = 体積 \times 密度$$

も、すでに持っている記憶としっかりと結び付けることができます。「定義式が分数」のすべてを忘れないかぎり、この密度に関する新しい知識を思い出せない（忘れる）ということはないでしょう。

　マインドマップを考案したイギリスのトニー・ブザン氏はマインドマップを作る際には

「楽しむことが大切だ」

と言っています。そのほうが脳を活性化し、勉強の効率を高めることができるのでしょう。ここでもやはり「楽しむ」はキーワードです。
　そこで、マインドマップの作成では、感情を書き入れたり、イラストを入れたりすることが推奨されています。先ほどのメモリーツリーでも「難しい変形！」とか「やさしい変形！」などの言葉を入れてあるのは、そのためです。
　また色使いを工夫してみたり、よりよい自分なりのスタイルを探

してみたりすることも記憶の定着には役立つでしょう。

「連想」が記憶力を高める理由

メモリーツリーによる記憶は結局、「連想」を使う記憶です。

そういえば、122頁で紹介した「記憶力を高める7つのポイント」にも、「他のものを連想しやすい」という項目が入っていましたね。

なぜ、連想は記憶力を高めるのでしょうか？

それは、

脳には変化を保とうとする性質がある

からです。これを難しい言葉では「脳の可塑性(か そ せい)」と言います。

注）可塑性：個体に外力をくわえて変形させた後、外力を取り除いても元に戻らない性質。例えば、粘土やプラスチックには可塑性がある。

連想によって、以前頭に入れた情報に別の情報が関連付けられると、脳は記憶していた情報に変化が起こったと判断して、変化を強く保持しようとするわけです。

質問　「メモリーツリーは使ってみたいと思うのですが、大もとの『テーマ』を何にしたらいいかがわかりません。どうしたら『テーマ』が浮かぶようになりますか？」

永野　「確かに、メモリーツリーの一番の難関は最初に決めるべき『テーマ』を見つけることだと思います。

本文中に登場したメモリーツリーでも、密度に関する定義式を学んだときに、まずそれが速さや平均などの定義式と同じ形をしていることに気がつかなくてはいけません。

実は、それを可能にするのが、第1章で紹介した**『理解の抽象化（共通点を探す）』**（45頁）です。日頃からそういう勉強をしておけば、メモリーツリーの中央にくる『テーマ』やそのまわりの『カテゴリー』を発見しやすくもなるでしょう。

また、メモリーツリーには正解があるわけではありません。いつだって**あなたの好きなように作っていい**のです。

もちろん抽象度の高い（色々なものと共通する）テーマを選ぶことができれば、たくさんの情報がつまったメモリーツリーを作成することができますが、何よりも大事なのは、メモリーツリーを作ること自体をあなた自身が楽しむということです。

是非、自由に、色々と作ってみてください。」

第4章

教科別勉強法
～数学を中心に～

数学の勉強法（1）
〜中学1年生編〜

さて、いよいよこの本も最後の章になりました。第4章は教科別の勉強法を具体的に書いていきたいと思います。

僕は数学教師なので数学を中心に「つまずきやすいところ」を厳選して解説していきます。

比例式

高校受験や高校進学後の数学では、相似（中3の内容です）の関係にある複数の図形を見つけてきて、ある辺（線分）の長さを求めるというシーンがとてもたくさんあります。そのときにこの比例式の理解はとても役に立ちます。

一般に

$$a : b = p : q$$

を比例式といいます。比例式が成立するとき、両辺の「比の値」は等しいので、

$$\frac{a}{b} = \frac{p}{q}$$

です。両辺に bq をかけると

$$\frac{a}{b} \times bq = \frac{p}{q} \times bq$$

$\Rightarrow \quad aq = bp$

以上より、比例式においては一般に

外項の積 = 内項の積

が成立することがわかります。

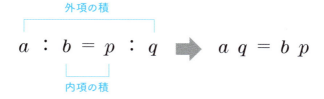

また、次のように変化する **x と y が比例関係にあるとき**

x	a	→	b
y	p	→	q

「$a : b = p : q$」が成立します。

かつてピタゴラスは**「万物の源は数である」**と言いましたが、その真意は「すべての物理現象は比例関係で説明できる」という意味でした。実際、後に見つかった物理法則の多くに比例関係を見つけることができます（さすがピタゴラスです）。

比例関係にある2つの変数の間には比例式が成立するので、数学だけでなく、物理や化学においてもこの比例式の理解は大変重要で

141

す。

1次方程式

　方程式を解くことと、文章題から方程式を作ることができないと、今後多くのシーンでつまずきます。中でも1次方程式は一番の基本ですから、しっかりと理解しておきましょう。

　方程式の定義はこうです。

【方程式とは】
　未知数（xなど）を含み、その未知数が特定の値をとるときだけに成立する等式を「方程式」という。また、等式を成立させる「特定の値」を「方程式の解」という。

　例えば、

$$2x + 3 = 5$$

という等式は、未知数xを含み、「$x = 1$」のときにだけ成立するので方程式です。一方、

$$2x + 3 = x + x + 2 + 1$$

はxを含みますが、xがどんな値のときでも成立するので方程式ではありません。ちなみに、このような式のことを恒等式といいます（高校2年で習います）。

また「方程式の解」というのは、等式を成立させる値のことなので

方程式の解＝方程式に代入できる式

と考えましょう。
「$2x+3=5$」のような1次方程式（未知数について1次式の方程式）を解くこと自体は、多くの中学生にとってそう難しくないでしょう（簡単なものは小学校でもやりました）。
　問題は**文章題**ですよね？
　僕の塾でも「1次方程式の利用」という文章題を扱う単元でつまずく生徒はとても多いです。そこで、文章題を解くときのコツをまとめておきます。
　文章題を解くときの手順は次の通り。

【文章題を解く手順】
（1）何を x とおくかを考える。
（2）等しい関係になっているものどうしを「＝」で結ぶ。
（3）出来上がった方程式を解く。
（4）解を吟味する。

　次の例題を上の手順通りに解いていきましょう（苦手な人が多い「過不足算」です）。

> クラスの友達が入院をしているので、何人かの生徒でお見舞いの花束を買うことになりました。1人300円ずつ集めると500円余り、1人200円ずつ集めると1000円足りません。生徒の人数と花束の値段を求めなさい。

【解説】

過不足算で悩ましいのは求めるものが2つある（この問題では、生徒の人数と花束の値段）ところです。

「どっちをxにしたらいいんだ？」

と頭を抱えてしまうのも無理はありません。でも、安心してください。どちらをxにしても解けます。

ここでは生徒の人数をx人としてみましょう。一般に過不足算では **数が少ない（と思われる）方をxで表すと扱いやすいことが多い** です。

何をxとおくかが決まったら、次は「等しい関係になっているものどうし」を「＝」で結びます。問題文をよく読んで、1人300円集めても、1人200円集めても「変わらないもの」を探してください。何がありますか？ そうですね。どちらの場合も

・生徒の人数
・花束の値段

の2つは変わりません。ただし、生徒の人数について式を立てようと思っても、

$$x = x$$

となるだけで、xを求めることはできません。そこで「花束の値段」をxで表すことを考えます。

　花束の値段は、1人300円ずつ集めた場合は500円余るので（300円×生徒の人数より500円安い）

$$300x - 500 \text{（円）} \quad \cdots ①$$

です。

　また、1人200円ずつ集めると1000円足りないので（200円×生徒の人数より1000円高い）

$$200x + 1000 \text{（円）} \quad \cdots ②$$

ですね。この2つはどちらも花束の値段を表しているので「等しい関係になっているものどうし」です。よって、①と②を「＝」で結んで

$$300x - 500 = 200x + 1000$$

という方程式が得られます。これを解くと

$$x = 15$$

と求まるので、生徒の人数は15人です。

　①にこれを代入すると（②でも構いません）、花束の値段は

$$300 \times 15 - 500 = 4000$$

より、4000円です。

　最後に得られた解を吟味（正しいかどうかを検証）します。生徒の人数も、花束の値段もこの問題の答えに適しているので、答えは次のとおり。

（答）生徒：15人、花束の値段：4000円

　問題文から方程式を立てる作業は、いわば日本語を数式という言葉に訳すようなものなので、僕はこれを「数訳（すうやく）」と呼んでいます。（長い）問題文全体を読んで「うわあ、難しいなあ」と思ったとしても、手順に従って一つ一つを丁寧に「数訳」していけば、きっと方程式は立てられるようになります。ただし、言葉は様々なニュアンスや「常識」を背景に持っていますが、数式にはそれがありません。ですから、数訳の結果得られた答え（方程式の答え）は必ず吟味する必要があるのです。

　上の問題でも、数字を変えると、人数であるはずのxが分数になってしまったり、負の数になってしまったりします。そのようになることは「あり得ない」ので、方程式が解けたとしても「解ナシ」になります。

注）ちなみに花束の値段をx円とおいた場合の解答は次の通り。生徒の人数は、1人300円ずつ集めた場合でも1人200円ずつ集めた場合でも変わらないことに注意しましょう。

$$\frac{集めた金額}{1人あたりの金額} = 生徒の人数$$

だから、次の方程式が成立する。

$$\frac{x+500}{300} = \frac{x-1000}{200}$$

$$\Rightarrow \quad 200(x+500) = 300(x-1000)$$

これを解くと

$$x = 4000$$

を得る。生徒の人数は

$$\frac{4000+500}{300} = 15$$

より、15人。これらは問題の答えに適している。以上より

（答）生徒：15人、花束の値段：4000円

Q & A

質問
「ここには幾何（図形）のことが出てきませんが、私は図形の問題が苦手です。特に、補助線を引かなければ解けない問題が全然できません。どうしたらいいですか？」

永野
「中学数学では、幾何（図形に関すること）と代数（数式に関すること）がだいたい同じくらいの分量になっています。でも実は**高校に進むと、幾何のウェイトはずっと小さくなります。**その代わり、方程式を解いたり、関数を理解したりといった代数や解析に関係する内容がぐっと増えます。

数学教育の大きな目的は**論理的に考えられる人間を育てる**ことにありますが、幾何の一部の問題に必要な『**ヒラメキ**』**は論理的であるためには必ずしも重要ではないからです。**

したがって突飛な補助線を引かないと解けないような問題は解けなくても気にする必要はありません。

ただし、補助線の中には**引けなくてはいけない補助線があります。**それは

- 他の線と平行な補助線
- 他の線と垂直な補助線

の2つです。なぜなら、これらは引くことによって、同位角や錯角が等しいことが使えたり、平行四辺形ができあがったり、直角三角形ができあがったりして、**情報が増えることがあらかじめわかっているから**です。

できなかった図形の問題の解答に補助線が引いてあって、それが他の線と平行、あるいは垂直になっている場合は注意してください。」

2 数学の勉強法（2） 〜中学2年生編〜

関数の導入

　中学で勉強する関数は、1次関数（比例も含む）、分数関数（反比例）、2次関数（$y=ax^2$）だけですが、高校に進むとn次関数、三角関数、指数関数、対数関数などを学び、それらは高校数学の頂点である「微分・積分」と直結しています。

　また、関数を理解することはものごとの因果関係を理解することにも繋がるので、社会に出てからも大変重要です。

【関数】
　ともなって変わる2つの変数x、yがあって、xの値が決まると、それに対応してyの値が1つ決まるとき、yはxの関数であると言う。

　関数の理解でもっとも大切なことは、xの値（入力値）に対して

yの値（出力値）が1通りに決まる

という点です。

　例えば、ふつうクラスの中で「出席番号が3番」の人は1人しかいませんね。「出席番号3番の人は秋山くん」のように、出席番号

を決めれば、生徒の名前が1通りに決まるので、生徒の名前は出席番号の関数になっています。

でも「靴のサイズが25cm」の人は何人かいるでしょう。つまり靴のサイズを決めても、生徒を1人に決めることはできないので、生徒の名前は靴のサイズの関数にはなっていません。

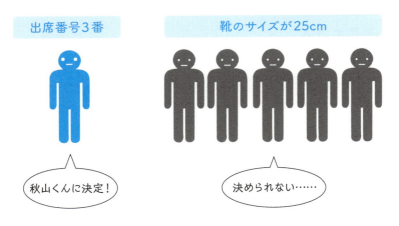

実は、「関数」はもともと「函数」という漢字を使っていました。「函」は「函館」の「函」であり、「ポストに投函する」の「函」ですから、「箱」という意味ですね。その後、1958年に当時の文部省（今の文部科学省）がなるべく当用漢字（現在は常用漢字）を使って学術用語の統一をはかろうと「学術用語集」を編纂したのを機に、「函」の代わりに発音が同じ「関」を使うようになりました。

でも僕は、関数の本質を表すには「函数」の方が良いと思っています（実際一部の数学者は今でも好んで函数と表記します）。なぜなら、ある「函」に x という値を入力したとき、x の値に応じて出てくる出力 y に対して、「y は x の函数（関数）である」と言うのは実に的を射ているからです。

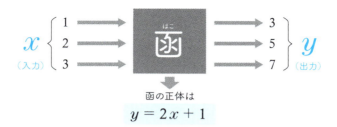

函の正体は
$$y = 2x + 1$$

関数とグラフ

関数とグラフの理解が曖昧な人はとても多いです。そのため高校入試には関数とそのグラフをからめた問題が大変よく出ます。

中学1年で既に比例と反比例のグラフは習いました。

比例のグラフは原点を通る直線になり、反比例のグラフは双曲線になるのでしたね。

$y = ax + b$（1次関数）のグラフは、**$y = ax$（比例）**のグラフをy方向に$+b$だけ底上げすればいいので、やはり直線になります。

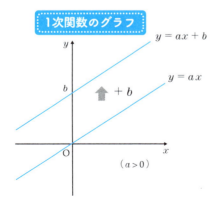

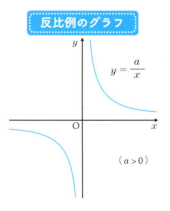

ところで、反比例のグラフが前頁の図のような形（双曲線）になることはどのように習いましたか？

　おそらく、「$y = \dfrac{12}{x}$」などの具体例において、xにいくつかの値を代入してyの値を求め、それらを座標軸上に書き、なめらかに繋ぐことで

「これが反比例のグラフです」

と習った人が多いと思います。

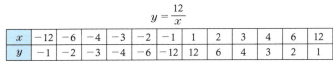

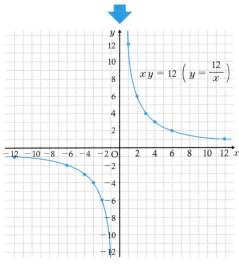

　でも本当は、上の例で12組の(x, y)の点を**なめらかに繋いでい**

い理由はどこにもありません。グラフがギザギザになったり、どこか途中で切れたりする可能性だって否定はできないのです（反比例のグラフが途切れのないなめらかなグラフになる理由は高校で微分・積分を習えばわかります。そのときを楽しみに待っていてください）。

　ただ、このようにしてグラフの形を習うことは関数のグラフにおけるとても大事なことを示唆しています。それは、

**ある関数を満たす (x, y) は
必ずその関数を表すグラフ上にある**

ということです。また

**関数のグラフ上にある点 (x, y) は、
必ずその関数の式を満たす**

と言うこともできます。

注）「関数を満たす」というのは「関数の式に代入できる」という意味です。

　そんなの当たり前だと思うかもしれませんがこれを本当に理解できている人は案外少ないので、高校入試には関数とグラフに関して上のことを理解しているかを問う問題が数多く出題されるのです。そして、その**正答率は決して高くありません。**

　また、関数のグラフにおける上記のことがわかっていれば「グラフの交点は連立方程式の解（114頁）」であることも納得できるでしょう。

変化の割合

中学、高校で学ぶもの以外にも世の中には無数の関数が存在しますが、どの関数にも共通しているのは——yがxの関数になっているのならば——「xの値によってyの値が決まる」という点です。

今、目の前に正体不明の「関数」があるとしましょう。あなたはこの関数のことを調べたいと思っています。どうしますか？ やはり**xの値を色々と変えてみて、それにともなってyの値がどのように変わるかを調べたい**と思いますよね？（xに同じ値を入れ続けても、同じ値が出てくるだけです。）

ただし、その結果を他の関数と比較するためには「基準」が必要です。ある関数についてxの値を10変えてみた結果（yの値）と、他の関数についてxの値を100変えてみた結果（yの値）を比べても、あまり意味はありません。そこで登場するのが変化の割合です。

【変化の割合】

yがxの関数であるとき、xの増加量に対するyの増加量の割合を変化の割合という。

$$変化の割合 = \frac{y の増加量}{x の増加量}$$

1次関数$y = ax + b$においてxが$p \to q$と変化するときの変化の割合を計算してみましょう。

$$変化の割合 = \frac{y の増加量}{x の増加量}$$

$$= \frac{(aq+b)-(ap+b)}{q-p}$$

$$= \frac{aq+b-ap-b}{q-p}$$

$$= \frac{aq-ap}{q-p}$$

= a （一定）

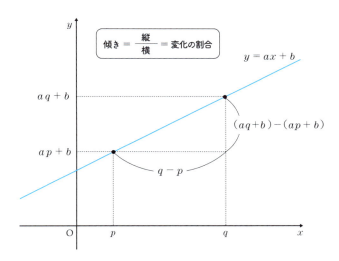

　xが$p \to q$と変化するときの変化の割合は、グラフ上のx座標がpである点とx座標がqである点とを結んだ線分の**傾き**を表します。1次関数のグラフはもともと直線ですから、

変化の割合＝グラフ上の2点を結んだ線分の傾き

が一定（a）になるのは、実は当たり前です。

ちなみにyがxに反比例する（$y = \dfrac{a}{x}$）場合、xが$p \to q$と変化するとき

$$
\begin{aligned}
\text{変化の割合} &= \frac{y\text{の増加量}}{x\text{の増加量}} \\
&= \frac{\dfrac{a}{q} - \dfrac{a}{p}}{q - p} \\
&= \left(\frac{a}{q} - \frac{a}{p} \right) \div (q - p) \\
&= \frac{ap - aq}{pq} \times \frac{1}{q - p} \\
&= \frac{a(p - q)}{pq} \times \frac{1}{q - p} \\
&= \frac{-a(q - p)}{pq} \times \frac{1}{q - p} \\
&= -\frac{a}{pq}
\end{aligned}
$$

となって、変化の割合はpやqの値によって変わることがわかります（xが$1 \to 3$と変化する場合とxが$2 \to 4$と変化する場合では変化の割合が違うという意味です）。

一般にグラフが曲線になる関数では、変化の割合は一定ではありません。

高校に進むと変化の割合は「平均変化率」という名前に変わりますが、本質は同じです。そして、微分とは平均変化率において、「xの増加量」を限りなく小さくしたときの値を調べることを意味します（詳しくはこれも高校数学を楽しみにしていてください）。1次関数の

変化の割合は――なにしろ一定なので――正直退屈ですが、その本質はとても豊かな奥行きを持っています。

証明の基礎

　計算問題はできるけれど、証明は何を書いたらいいかわからない、という人はとても多いです。
　でも、数学教育の最大の目的が論理的な人間を育てることにある以上、証明はもっとも大切な単元と言っても過言ではありません。

【仮定と結論と証明】
「○○○ならば□□□である」という形でことがらを表したとき、○○○を仮定、□□□を結論という。
　また、ある結論が正しいことを、仮定からすじ道を立てて明らかにすることを証明という。

　証明問題のコツをお話する前に、定義と定理というよく似た（でも意味は全然違う）2つの言葉の意味を確認しておきましょう。

【定義と定理】
　定義：ことばや記号の意味をはっきりと定めたもの
　定理：正しいことがすでに証明されていることがらのうち、
　　　　よく使うもの

　よく勘違いをされていることですが、もしかしたら、

「数学は理系科目で、国語は文系科目だから、理系の人間は『言葉』には興味がないだろう(数式ばかりいじってるに違いない)」

と思っていませんか?

　これは大きな誤解です。実は、**数学ほど言葉を厳密に扱う学問はありません。**大学に進んで数学をつきつめていくとやがて、「1とはなにか」とか「足し算とはなにか」などの幼稚園生でも知っていそうなことを、びっくりするくらいの言葉を尽くして、少しも曖昧さが残らないように定義するようになります。

　数学的に厳密な議論を重ねていくというのは、例えるなら水を桶ですくうようなもので、言葉の定義にわずかでも曖昧なところがあればそれは桶の「穴」になり、やがてすべての水がそこから漏れてしまうからです。

　もしあなたが、数学ができるようになりたいと思っているのなら、最初にしなければいけないことは、

言葉の定義を正確に頭に入れる

ことです。ひし形とはどういう四角形か、円周率とはなにか、関数とはなにか、方程式とはなにか……などを一つ一つ丁寧に確認してください。

応用問題を解くコツは、いくつかの基本問題に分解することですが、言葉の定義に曖昧なところがあるとそれができません。

　数学を勉強している途中で新しい言葉や概念に出会ったら、その定義には最大限の注意をはらうようにしましょう。

　ではいよいよ証明のコツをお伝えしていきます。

まず確認ですが、証明の途中で、僕たちが使っていいのは

仮定と定義と定理だけ

です。まだ証明されていないことがらや、問題にある図を見て「きっと平行だろう」と推定しただけのことなどを証明に使うことはできません。

中学2年生で初めて証明を学ぶとき、**三角形の合同条件**を一緒に学ぶのは、これが典型的な定理であり、しかも内容が明解なので、証明の練習にはもってこいだからです。

例題として取り上げる次の問題は福島県の高校入試で正答率がわずか6%だった問題です。はっきり言って難問です。

このような難しい証明問題を解くコツは何でしょうか？　それは

ゴールからスタートにさかのぼる

ことです。

正三角形ABCがある。
右の図のように、辺AB上に
2点A、Bと異なる点Dを、
辺BC上に2点B、Cと異なる
点Eをとり、AEとCDの交点
をFとする。
∠AFD = 60°であるとき、
AE = CDであることを証明しなさい。［福島県］

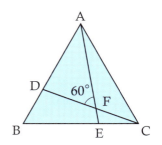

証明問題が他の問題と違うのは**ゴール（結論）がすでに見えている**という点です。これを使わない手はありません。

　解答を想像して、結論の1行前には何が書いてあるべきだろう？ さらにその1行前はどうだろう？　という風に少しずつさかのぼっていくのです。そうするとやがてスタートが見えてきます。

　感覚的にはこれは、まだ貫通していないトンネルを（入口からだけ掘るのではなく）出口と入口の両方から掘るようなものです。

　ではさっそくやってみましょう。結論は「AE = CD」ですから、その1行前を考えます。「○○○。よって AE = CD」の○○○にあたる部分を考えるわけです。

一般に2つの線分の長さが等しいことを示すには

（1）二等辺三角形を見つける
（2）平行四辺形を見つける
（3）合同な図形を見つける

の3つの方針が考えられますが、ここでは（1）と（2）は考えづらいですね。そこで（3）だろうと予想をつけます。

　次にAEやCDを含む三角形で合同になっていそうなものを探しましょう。するとすぐに△AECと△CDBが見つかるでしょう（△ABEと△CADでもできます）。すなわち

　結論：AE = CD
　　↑
　1行前：△AEC ≡ △CDB　［≡は合同を表す記号］

です。さらに「△AEC≡△CDB」の1行前を考えます。もちろん合同条件のどれかでしょう。三角形の合同条件は

(1) 1辺とその両端の角が等しい
(2) 2辺とその間の角が等しい
(3) 3辺が等しい

の3つがありました。**今回の問題の場合「△AEC≡△CDB」を示すのに使えそうなのはどれでしょうか？**

　AE＝CDは示すべき結論そのものですし、BD＝CEも示す手がかりがなさそうなので、ここはやはり（1）を使うと考えるのが妥当です。そうすると

　結論：AE＝CD
　↑
　1行前：△AEC≡△CDB
　↑
　1行前：1辺とその両端の角が等しい

ですね。それならば（△ABCは正三角形なので）、さらに1行前はおそらく

　結論：AE＝CD
　↑
　1行前：△AEC≡△CDB
　↑
　1行前：1辺とその両端の角が等しい

↑
1行前：AC = CB、∠ACE = ∠CBD、∠CAE = ∠BCD

でしょう。

さて、ここでAC = CBと∠ACE = ∠CBDは△ABCが正三角形なので明らかです。**厄介なのは∠CAE = ∠BCDです。**

ただ、まだ「∠AFD = 60°」であることは使っていないので、これが使えないかな～と考えます。すると……

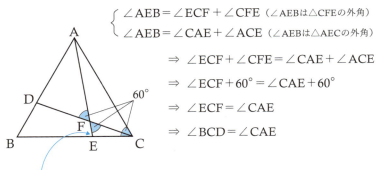

∠AEBは△CFEと△AECの外角

といった道すじが見えてこないでしょうか？

「∠AFD = 60°」という仮定と∠AEBが△CFEと△AECの外角になっていること等を用いて「∠CAE = ∠BCD」を示す上の変形は、もちろん簡単ではありません。でも、ゴールから1行ずつ前をさかのぼることで、**問題の鍵は「∠CAE = ∠BCD」を示すこと**とわかれば、この問題の**難易度はぐっと下がります。**

[解答例]

∠AEBは△CFEの外角なので
　　∠AEB = ∠ECF + ∠CFE

また、∠AEBは△AECの外角でもあるので、
　　∠AEB = ∠CAE + ∠ACE

よって、
　　∠ECF + ∠CFE = ∠CAE + ∠ACE　…①

ここで、
　　∠CFE = ∠AFD = 60°（対頂角と仮定より）
　　∠ACE = 60°（△ABCは正三角形より）

だから①より、
　　∠ECF + 60° = ∠CAE + 60°
　⇒　∠ECF = ∠CAE
　⇒　∠BCD = ∠CAE

よって
　　∠CAE = ∠BCD　…②

また、△ABCは正三角形なので
　　∠ACE = ∠CBD　…③
　　AC = CB　…④

②〜④より△AECと△CDBは1辺とその両端の角が等しいので、
　　△AEC ≡ △CDB

合同な図形の対応する辺は等しいから
　　AE = CD

（証明終わり）

Q & A

質問
「証明問題のコツは『ゴールからスタートを辿る』ことだということはなんとなくわかりましたが、まだまだ難しく感じます。そもそもどう書いたらいいかわかりません。教科書や問題集に載っている証明には『型』があるように思うのですが、この『型』通りでないとダメですか？」

永野
「証明を習いたての生徒さんは特に、証明には決まった型があるのだと思いがちですが、そんなことはありません。国語の作文と一緒で**証明は自由に書くことができます。**

ただし、証明では**使った根拠はわかりやすく示すことが必要**ですから、その点だけは守ってください。

また、**数学の採点方法は本来、加点法**です。特に証明のような記述の問題では、○○のことが書いてあったら1点加点、□□のことが書いてあれば2点加点、△△のことが書いてあれば3点……という風に『採点基準』が細かく決められていて、出題者が書いて欲しいと思うことが書かれていないと点数がもらえません。逆に言うと**間違ったことや余計なことが書いてあったとしても減点されることはないので安心してください**（点数がもらえないだけです）。

よい証明が書けるようになるためには、**読む人の気持ちになって親切に書く、という心がけがとても大事**だと僕は思います。あなたの解答で友達に説明してあげるつもりで書いてください。そうすれば自ずと採点基準の多くが拾えます。」

3 数学の勉強法（3）
～中学3年生編～

2次方程式の解の公式

本書では繰り返し、プロセスに注目することの大切さを書いてきました。

次に紹介する「2次方程式の解の公式」は結果だけを覚えて数字をあてはめても、数学的には何の意味もないこと、逆に言えば、プロセスに注目すれば非常に有意義であることの好例です。

一般に2次方程式

$$ax^2 + bx + c = 0$$

に対して

$$x = \frac{-b \pm \sqrt{b^2 - 4ac}}{2a}$$

という解の公式が成立します。

大切なのは

この公式を導くプロセスを理解し、

それを自分だけの力で再現できるようにしておく

ことです。

2次方程式の解の公式を導く際には「**平方完成**」という中学数学の中では**飛び抜けて難しい式変形**が必要になります。まずはこれを克服することから始めましょう。

平方完成とは次のように2次式を（1次式）^{2} の形を使って表す式変形のことを言います。

$$ax^2 + bx + c = a(x+m)^2 + n$$

最初に（僕が勝手に命名した）「**平方完成の素（もと）**」という式変形に慣れてもらいます。

次の乗法公式は知っていいますね。

$$(x+k)^2 = x^2 + 2kx + k^2$$

これを少し変形すると、

$$x^2 + 2kx = (x+k)^2 - k^2$$

となります。この式が「平方完成の素」です。

【平方完成の素】

$$x^2 + 2k\,x = (x + k)^2 - k^2$$

半分　2乗

例）

$$x^2 + 6x = (x+3)^2 - 9$$

半分　2乗

$$x^2 + 5x = \left(x+\frac{5}{2}\right)^2 - \frac{25}{4}$$

半分　2乗

では、2次方程式の左辺「ax^2+bx+c」を平方完成していきましょう。最初の2項「ax^2+bx」は「平方完成の素」を使って次のように変形できます。

$$ax^2 + bx = a\left(x^2 + \frac{b}{a}x\right) = a\left\{\left(x+\frac{b}{2a}\right)^2 - \frac{b^2}{4a^2}\right\}$$

半分　2乗

これより

$$ax^2 + bx + c = a\left\{\left(x+\frac{b}{2a}\right)^2 - \frac{b^2}{4a^2}\right\} + c$$

ですね。分配法則を使って { } を外すと

$$\begin{aligned}
ax^2 + bx + c &= a\left\{\left(x+\frac{b}{2a}\right)^2 - \frac{b^2}{4a^2}\right\} + c \\
&= a\left(x+\frac{b}{2a}\right)^2 - \frac{b^2}{4a} + c \\
&= a\left(x+\frac{b}{2a}\right)^2 - \frac{b^2-4ac}{4a}
\end{aligned}$$

$$-\frac{b^2}{4a} + c = -\frac{b^2}{4a} + \frac{4ac}{4a}$$
$$= -\left(\frac{b^2}{4a} - \frac{4ac}{4a}\right)$$

となります。かなり複雑な形になってしまいましたが、とにかく「$ax^2 + bx + c = 0$」の左辺を平方完成することができました。さあ、ここから一気に解の公式を導いていきます。

$$ax^2 + bx + c = 0$$

$$\Rightarrow \quad a\left(x + \frac{b}{2a}\right)^2 - \frac{b^2 - 4ac}{4a} = 0$$

$$\Rightarrow \quad a\left(x + \frac{b}{2a}\right)^2 = \frac{b^2 - 4ac}{4a}$$

$$\Rightarrow \quad \left(x + \frac{b}{2a}\right)^2 = \frac{b^2 - 4ac}{4a^2}$$

$$\Rightarrow \quad x + \frac{b}{2a} = \pm\sqrt{\frac{b^2 - 4ac}{4a^2}}$$

$$\Rightarrow \quad x = -\frac{b}{2a} \pm \frac{\sqrt{b^2 - 4ac}}{2a}$$

> $x^2 = p$
> $\Rightarrow x = \pm\sqrt{p}$

これより、

$$x = \frac{-b \pm \sqrt{b^2 - 4ac}}{2a}$$

を得ます。

お疲れ様でした。繰り返しますが、解の公式に数字をあてはめて答えを出すことをいくら練習しても、数学ができるようにはなりません。でもこうして解の公式が自分の手で導けるようになれば、数式を望む形に変形していくというスキルにおいてはもう 高校レベル です。

また「平方完成」は高校に進んでからも、何百回、何千回と行うことになる非常に重要な式変形ですから今のうちに慣れておけばあとで楽になります。

　是非、「$ax^2 + bx + c = 0$」から解の公式を導けるようになってください。それはきっとあなたの自信にもつながります。

2乗に比例する関数（$y = ax^2$）

　前述（153頁）のとおり、「**関数のグラフ上にある点（x, y）は、必ずその関数の式を満たす**」が使えるかどうかを問う問題は高校入試の頻出問題です。この手の問題では $y = ax^2$ のグラフがからんでくることが多いので確認しておきましょう。

　y が x の2乗に比例するとき（$y = ax^2$ であるとき）、グラフがいわゆる**放物線**になることは、反比例のとき（151頁）と同じようにして、習いましたね？

　ここでは正答率が4％だった高校入試の問題を一緒に考えてみたいと思います。

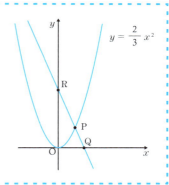

　右の図のように、関数 $y = \dfrac{2}{3}x^2$ のグラフ上に x 座標が正である点 P をとります。点 P を通り、傾きが -2 の直線と x 軸、y 軸との交点をそれぞれ Q、R とし、点 R の y 座標を b とします。**PQ：PR ＝ 1：2** となるとき、b の値を求めなさい。［宮城県］

直線は傾きが-2で、y軸との交点がbなので

$$y = -2x + b \quad \cdots ①$$

とおけます。

Pのx座標をpおくと、Pは$y = \dfrac{2}{3}x^2$のグラフ上にあるので、

$$P\left(p, \dfrac{2}{3}p^2\right) \quad \cdots ②$$

また、Pは$y = -2x + b$のグラフ上にもあるから、

$$P(p, -2p + b) \quad \cdots ③$$

②と③のy座標は等しいので

$$\dfrac{2}{3}p^2 = -2p + b \quad \cdots ④$$

また、直線上にあるQのy座標は0なので、Qのx座標は①より

$$0 = -2x + b$$
$$\Rightarrow \quad x = \dfrac{b}{2} \quad \cdots ⑤$$

問題文より$PQ:PR = 1:2$なのでPからx軸に下ろした垂線の足をSとすると⑤より

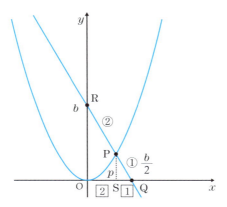

$$\text{OS}:\text{OQ} = 2:2+1$$
$$\Rightarrow\ p:\frac{b}{2} = 2:3$$

外項の積＝内項の積（141頁）を用いて

$$3p = b$$
$$\Rightarrow\ p = \frac{b}{3}$$

④に代入して

$$\frac{2}{3} \times \left(\frac{b}{3}\right)^2 = -2 \times \frac{b}{3} + b$$
$$\Rightarrow\ \frac{2}{27}b^2 = \frac{b}{3}$$

$b \neq 0$ より
$$b = \frac{9}{2}$$

確かに難しい問題でしたが、最大のポイントは2つのグラフの上にある点Pの座標を②や③のようにおくことです。これさえできれば、あとは比例式の計算を行うことで解決します。

三平方の定理

三平方の定理（ピタゴラスの定理）は中学数学の最後に習う単元です。**中学数学の1つの到達点**であると言ってもいいでしょう。

ただし——くどくてすいません——公式に数字をあてはめるだけで終わってしまっては、三平方の定理は決して「到達点」にはなり得ません。三平方の定理も2次方程式の解の公式と同様、自分の手で証明できるようになって初めて、これを学ぶ意味と意義を手にすることができます。

【三平方の定理】
右の図の直角三角形において、

$$a^2 + b^2 = c^2$$

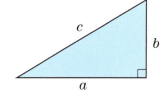

が成り立つ。
すなわち、
　　　斜辺以外の2辺の2乗の和＝斜辺の2乗
が成立する。

三平方の定理は別名「ピタゴラスの定理」とも呼ばれていて、ピタゴラスが初めて証明したということになっていますが、ピタゴラ

スが発見したわけではありません。直角三角形に関するこの事実は、ピタゴラスが生まれるずっと前から、例えば測量の現場などではよく知られていました。

　ピタゴラスがこの定理の証明を思いついたときのことを伝えるエピソードを紹介します（ただしこのエピソードの真偽のほどは確かではありません）。

　ピタゴラスはギリシャのサモス島というところで生まれました。このサモス島のヘーラー神殿というところを散歩していたときのことです。足元に敷き詰められたタイル貼りを見て、ピタゴラスはあることに気づきます。そのタイル貼りはこんな感じでした。

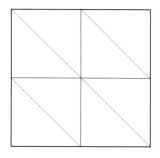

　何の変哲（へんてつ）もないシンプルな模様ですが、この模様からピタゴラスは次頁の図のように1辺がaの正方形の面積（a^2）4つ分の半分（つまり2つ分）は青色の正方形の面積（c^2）に等しいことを発見するのでした。

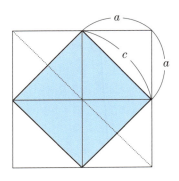

すなわち、

$$2 \times a^2 = c^2$$
$$\Leftrightarrow \quad a^2 + a^2 = c^2$$

です。

これは直角二等辺三角形の場合の三平方の定理に他なりません。

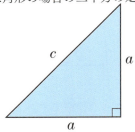

興奮したピタゴラスは、家に帰り次のような図形を使って、一般の場合の三平方の定理を証明したそうです。

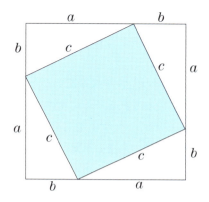

この図を見ると、面積について

外側の大きい正方形＝内側の小さい正方形＋直角三角形×4

であることがわかります。よって

$$(a+b)^2 = c^2 + \frac{1}{2}ab \times 4$$
$$\Rightarrow \quad a^2 + 2ab + b^2 = c^2 + 2ab$$
$$\Rightarrow \quad a^2 + b^2 = c^2$$

三平方の定理の証明方法は、実に100通り以上あると言われています。是非、自分の手で調べてみてください（すぐに10通りくらいは見つかるでしょう）。そしてそれらを通して、**道すじは違っても同じ結論に達する**という論理の力強さも味わってほしいと思います。

三平方の定理は、高校数学で座標軸上の2点間の距離を計算する

際に直接的に役立つだけでなく、三角関数等に発展し、果てはアインシュタインの相対性理論にまで繋がる、実に壮大なストーリーの出発点になっています。

あなたがこの先、数学の勉強を続けていくと、「三平方の定理はこんな所にも出てくるのか！」とその応用の広さに驚く機会がたくさんあるでしょう。

三平方の定理が中学数学の最後の単元になっているのは、**高校とその先の数学・科学の世界を垣間見せてくれる品格と懐の深さ**を併せ持っているからだと僕は思います。

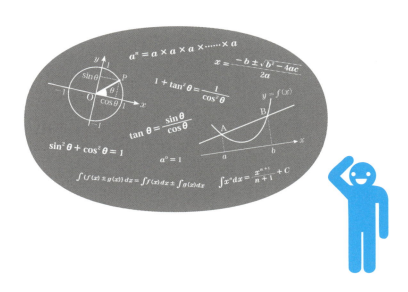

質問　「僕は計算ミスがとても多いです。計算ミスを減らすにはどうしたらいいですか？」

永野　「僕はこれまでの指導経験の中で計算ミスをする理由には次の4つがあるという結論に達しました。

【計算ミスをする4つの理由】
　（1）速すぎる
　（2）緊張感に不慣れ
　（3）単元の理解が不十分
　（4）字が読みづらい

《対処法》
（1）速すぎる
　テストのときに焦る気持ちはよくわかりますが、**計算は必ず、書いたそばから1行1行確認しながら前に進む習慣をつけましょう**。これができるようになればミスはぐっと減ります。結果としてテストが途中で終わってしまったとしても、計算ミスのリスクを犯して目一杯の速度で解いた場合よりは確実に高得点になります。

（2）緊張感に不慣れ
　テストのときは誰でも緊張するものですが、緊張しても点数が取れる人とそうでない人がいます。違いは、緊張感に慣れているかどうかです。
　心理学の法則に**ヤーキンズ・ドットソンの法則**というものがあります。

『人は慣れていることをするときには緊張やプレッシャーがあった方がよく、慣れていないことについては逆である』とする法則です。

テストにおいても、高い緊張感のもとで計算した経験がないと、テストの大きなプレッシャーの中でミスを多発してしまいます。そうならないためには普段の学習から**緊張感に慣れておく必要があります。**

そこで、家でも時間を測って解いてみたり、『ミスをしたらおやつなし』などのペナルティを自分に課してみたりして、普段の勉強の中に緊張感を持ち込んでください。

そうすれば緊張感そのものに慣れてきて、緊張していても良い結果が残せるようになります。

(3) 単元の理解が不十分

苦手意識のある単元は計算ミスが増えます。『合ってるかな……』という不安がミスを誘発してしまうわけです。そんなときは**問題演習の手をとめて、教科書などに戻って内容の理解に努めましょう。**

そうして『なるほど。わかった！』と思えるようになれば、逆に自信が出てきて、計算ミスは自ずと減ってくるはずです。

(4) 字が読みづらい

1行に無理やり分数を書きこんで数字が判別不能になっていたり、ゴミのような小さい『－（マイナス）』を書いていたり、消しゴムのかけ方が甘くて消す前の文字が残っていたりして自分の字を自分で読み違えてしまう人がいます。

『ノート術』（104頁）でも書いたとおり、ノートでもテストでも**文字や数字は大きめにはっきり書きましょう。**」

4 数学の勉強法(4)〜数学の成績が上がりづらい理由〜

中学生の皆さんに

「成績を上げるのが一番難しい教科は何ですか？」

というアンケートをとったら、きっと数学が一番になるでしょう（高校生なら確実にそうなるはず）。理由は2つあると僕は思っています。それは

(1) 知らない問題が出る
(2) 復習がしづらい

の2つです。

(1) 知らない問題が出る

まず算数と数学は似て非なる教科だということをしっかりと認識してください。簡単に言ってしまえば、

算数：生活能力→結果重視
数学：（未知の）問題解決能力→プロセス重視

です。

「結果重視」の算数では、解き方がわかっている問題を、素早く正確に解けることに評価の基準が置かれる（ことが多い）ので、反復練習が基本になります。最初に先生にやり方を教わったあと、計算問題はもちろん文章題も似たような問題——面積や速度や濃度などを求める問題——をたくさんやらされましたよね？　そしてテストでは同じタイプの問題が解ければそこそこ良い点が取れたはずです。

　一方の数学は「問題を解決する力」を磨くためのものです。解き方を知らない未知の問題に対処できるようになることが目標なので、テストには典型的な問題（教科書に例題として載っている問題）だけでなく、教科書にも問題集にも載っていない問題が出ます。学年が上がるにつれて、そういう未知の問題が出題される傾向は強くなります。中学2年生の前半くらいまでは（まだ内容が限られているので）授業や宿題でやったことのあるタイプの問題が多いかもしれませんが、その先は内容が豊富になって応用問題が作れるようになりますから「未知の問題」の割合はぐっと高くなります。

ではどうしたら未知の問題が解けるようになるのでしょうか？

　ヒントはすでに習った解法の中にあります。教科書に載っている「典型的な問題」というのは、そういったヒントがたくさんつまっているから「例題」として選ばれているのです。大切なことは

- 問題が解けたこと（答えがあっていること）や
- 解けなかった問題の解答を「理解」するだけで満足しない

ことです。
　いつも自分自身に

「**この問題はテストに出ないんだ**」

と言い聞かせましょう。そして、

「**この問題の解き方から何を学ぶべきだろうか？**」

と常に自問してください。そうすれば自ずと解答に至るプロセスに目が向くようにもなります。
　また、僕がこの本に書いてきた「勉強法」のほとんども「未知の問題」を解く力を磨くために有効です。是非、活用してください。

（2）復習がしづらい

　数学は積み重ねの教科です。
　と言っても、積み重ねの教科は数学だけではありません。英語だって積み重ねが大切な教科です。ただ英語はわからなくなったとしても、少しずつ前の単元をさかのぼれば、どこから復習すべきかを比較的見つけやすいのに対して、数学はなかなかそういう風にはいきません。
　例えば、今まで勉強をサボってきた中学2年生のAくんが、

「今度の期末試験は頑張ろう！」

と決意を新たにして臨んだ数学の授業で「連立方程式」が始まった場合を想像してみましょう。

いつになくAくんの意気込みは相当なものですが、今まで怠けていたせいで、授業は最初からチンプンカンプンです。

Aくんは自分を奮い立たせて

「このままじゃダメだ！
これまでの分を挽回するためには復習するしかない」

と教科書の前を復習することにしました。
「連立方程式」の前の単元は「式の計算」です。でもここを復習しても「連立方程式」がわかるようにはなりませんでした。そこで今度は中1の教科書を引っ張りだし、最後の単元を見ます。「資料の散らばりと代表値」とあります。明らかに「連立方程式」には関係がなさそうです。その前をみると「空間図形」でさらにその前は「平面図形」で……もうこの頃になるとAくんはすっかりやる気を失っています。

このAくんの途方に暮れる感じ、あなたにも経験があるのではないでしょうか？

数学は、直前の単元が今勉強している単元とは全然（ほとんど）関係ない、ということがよくあります。数学の復習の難しさはまさにここにあります。

では、Aくんはどこを復習すべきだったのでしょうか？

それは**中1で習う「方程式」の単元**です。全体像を知っている教師の側は生徒がどこを復習すべきかがわかりますが、まだ全体像の見えない生徒にはそれを自分で発見するのはふつう簡単ではあり

ません。そこで使ってほしいのが、次に紹介する「もどりま表」です。

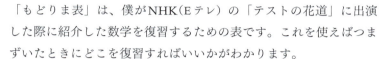

もどりま表

「もどりま表」は、僕がNHK（Eテレ）の「テストの花道」に出演した際に紹介した数学を復習するための表です。これを使えばつまずいたときにどこを復習すればいいかがわかります。

あまり知られていないことのようですが中学数学の各単元は大きく分けて次の4つに分類することができます。

・数と式
・関数
・図形
・資料の活用

これは指導要領にも明記されている分類です。

番組で紹介した「もどりま表」は高校数学の単元までを含めたものですが、ここでは中学数学の内容に絞って紹介します。

高校数学との関係が知りたい人は、ネットで「もどりま表」と検索してもらえれば、僕のブログやNHKのサイトがヒットして、すぐに見つけられると思います。

注）なお、表の中の各単元名は指導要領にある表示に準じています。もしかしたらあなたの持っている教科書とは多少違うかもしれませんが、該当する単元はすぐにわかるでしょう。

【もどりま表（中学生版）】

	数と式	関数	図形	資料の活用
中学1年	正の数・負の数	比例・反比例	平面図形	資料の散らばりと代表値
	文字を用いた式		空間図形	
	一元1次方程式			
中学2年	文字を用いた式の四則演算	1次関数	平面図形と平行線の性質	確率
	連立二元1次方程式		図形の合同	
中学3年	平方根	関数 $y=ax^2$	図形の相似	標本調査
	式の展開と因数分解		円周角と中心角	
	2次方程式		三平方の定理	

これを見れば、「連立方程式」でつまずいているAくんは

連立二元1次方程式
↓
文字を用いた式の四則演算
↓
一元1次方程式

と復習すべきであることがわかりますね。もし、数学でわからないことがあったら、「もどりま表」を使って**同じ分野の単元を1つずつ前にさかのぼってみてください。**そうすれば、きっと「これならわかる」という所に行き当たります。そして、今度はそこから丁寧に復習しましょう。前よりはずっとわかるようになるはずです。

質問　「数学の成績を伸ばすのが難しい理由は、数学には『特別な才能』が必要だからじゃないんですか？」

永野　「数学者になりたいのなら、もちろん『特別な才能』が必要でしょう。でも、少なくとも**理系の大学に進学したり、仕事で数学を使えるようになったりするために特別な才能（やヒラメキ）はまったく必要ありません。**

『数学力』とは『**ものごとを論理的に考えて、それを表現できる力**』です。噛み砕けばこれは

①**プロセスを見る力**

②**抽象する力**

③**国語力**

の3つに分解できると僕は思っています。

①結果ではなくプロセスに注目することの大切さは、この本では何度もお伝えしてきましたね。言い換えればこれは**『手順を整理し、観察する力』**と言うこともできます。

②数学は『未知の問題』に備えるため、常に、**具体的に得られた解法や答えを『抽象化』する**ことを目指しています。抽象化については前にお話ししました（45頁）。

③数学に『国語力』が必要なことは意外と見過ごされがちです。しかし、数学は言葉をとても厳密に扱う学問ですし（158頁）、**頭の中で考えた論理（ロジック）を他人がわかるように表現する力**も求められます。そのために国語力は欠かせません。

これらはどれも意識すれば鍛えることのできる力です。『数学には才能が必要だ』なんてあきらめないでください。」

5 英語の勉強法

　僕が英語を教えるとき（数学塾ですが、ときには英語も教えます）に一番気をつけることは、生徒が**フィーリングや勘で英語を「理解」したつもりなってしまわないようにする**ことです。

　中学英語に登場する英語は、複雑なものはそう多くありませんので、単語の意味さえわかればフィーリングや勘に頼ってもだいたいの意味はつかめてしまうことが多いです。でもそのことに甘えていると、高校進学後にとても苦労することになります。

　例えば、

（a）私は、英語を勉強する
（b）英語を勉強する

という2つの日本語を読んだとき、(a) の文には（もちろん文脈にもよりますが）なんとなく「他の皆はしていなくても、私だけは英語を勉強する」という決意のようなものを感じるのに対して、(b) は「英語を勉強する」という事実以上のものはほとんど伝わってきません。また、もしここに

（c）私は英語を勉強する

という文章があったら、(c) には (a) と (b) の中間のニュアンス

を感じる人も多いでしょう。

　母国語である日本語であれば、僕たちは生まれてからこれまで膨大な量の日本語を見聞きしてきたので、主語があるかないか、そして「、」があるかないかによる微妙なニュアンスの違いを感じ取ったり、推し量ったりすることができます。「主語」とか「読点（、）」という文法事項を意識しなくても、フィーリングや勘で文章の意味を「理解」することができるわけです。

　でも、

（d）I study English.
（e）Study English！

という２つの英文に対して、「I：私」、「study：勉強する」、「English：英語」という単語の意味しか知らない人が２つの文章の意味の違いを理解することは不可能でしょう。

　この２つの文章の違いを理解するには、少なくとも

・Iは代名詞
・studyは動詞
・文頭の名詞や代名詞は主語
・動詞から始まる文章は命令文

という文法事項を知る必要があります。
「英語のふつうの文章（平叙文）には必ず主語がある。主語がないと、ニュアンスどころか意味そのものがまるで違う『命令文』になる」ということを知って初めて

（d）は「(私は) 英語を勉強する」

（e）は「英語を勉強しなさい」

という意味になることを理解できるのです。そして（d）には先ほどの（a）のニュアンスはほとんどなく、むしろ（b）の意味に近いことも知るでしょう。

　外国語は（帰国子女のように）母国語と同じくらいの言語体験を積まない限り、ネイティヴ（その言葉を母国語にする人）と同じ道筋でものにすることはほぼ不可能です。

　だから、

文法という知識を使って、経験の少なさをカバーする

必要があります。

　では、中学のうちから特に意識すべき文法事項は何でしょうか？それは次の2つだと僕は思っています。

（1）品詞
（2）基本5文型

（1）品詞

　先ほどの例でも、名詞や動詞の理解が必要でした。英語の品詞は次の10種類をおさえておきましょう。

①名詞：物や人の名前を表す語
　　例）dog（犬）、America（アメリカ）、Mary（メアリー）

②代名詞：名詞の代わりをする語
　　例）I（私）、she（彼女）、this（これ）、something（何か）

③冠詞：名詞の前に置かれる a, an, the のこと

④動詞：状態や動作を表す語
　　例）is（〜である）、like（好きである）、eat（食べる）

⑤助動詞：動詞と結びついて、動詞に意味を添える語
　　例）can（〜できる）、must（〜しなければならない）

⑥形容詞：名詞を修飾する語（物や人の様子を説明する語）
　　例）big（大きい）、American（アメリカの）、red（赤い）

⑦副詞：動詞や形容詞など名詞以外を修飾する語
　　例）very（とても）、usually（ふつう）、here（ここに）

⑧前置詞：名詞や代名詞の前に置かれる語
　　例）in（〜の中に）、from（〜から）、with（〜と一緒に）

⑨接続詞：単語、句、節どうしをつなぐ語
　　例）and（そして）、but（しかし）、when（〜のとき）

⑩間投詞：感情や呼びかけを表す語

例) oh（おお）、ah（ああ）、hmm（うーん）

これからは、

■ 新しい言葉に出会うたびに
■ その言葉の品詞を調べるクセをつけましょう。

地道な作業ですが、その積み重ねが高校進学後にライバルに差をつける大きな蓄えになります。

また、learn（学ぶ）には動詞の意味しかありませんが、stayのように1つの単語が動詞（とどまる）にも名詞（滞在）にもなる言葉もありますから要注意です。

（2）基本5文型

英語のほとんどの文章は次の5つに分類することができます。

■ 第1文型：SV（主語＋動詞）
　例文）I run.（私は走る）

■ 第2文型：SVC（主語＋動詞＋補語）
　例文）He looks happy.（彼は幸せそうに見える）

■ 第3文型：SVO（主語＋動詞＋目的語）
　例文）I have a dog.（私は犬を飼っている）

第4文型：SVOO（主語＋動詞＋目的語＋目的語）

例文）He gave me the CD.（彼は私にそのCDをくれた）

第5文型：SVOC（主語＋動詞＋目的語＋補語）

例文）The story made me happy.（その話は私を楽しませてくれた）

基本5文型を理解する上で多くの人が最初にひっかかるのはおそらく「補語（C）」でしょう。「主語（S）」、「動詞（V）」、「目的語（O）」に比べて、「補語」はイメージがつかみづらいですね。

SVC（第2文型）の場合、補語は主語を説明します。**動詞の種類によらず「S＝V」の関係が成立するので第2文型の動詞はbe動詞に差し替えることが可能です。** もしSVCの文章で動詞の意味がよくわからない場合は、動詞を（やや乱暴ではありますが）be動詞に置き換えても大きく誤読することはないでしょう。

例）「He looks happy. ≒ He is happy.」

一方、**SVOC（第5文型）の場合**、補語は目的語を説明します。こちらでは「O＝C」の関係が成立して、**「O＝CにSがVする」**の意味が基本です。

それから、第5文型を第4文型と混同してしまう人が時々いますが、SVOOの場合は「O≠O」ですからそこで判断してください。

例えば、

（A）He made her a cake.
（B）He made her his girlfriend.

という2つの文はどちらも「S + V + 名詞 + 名詞」という形をしていますね。でも（A）は「her ≠ cake」ですから、SVOOです。（B）は「her=his girlfriend」ですから、SVOCです。よって、

（A）彼は彼女にケーキを作ってあげた。
（B）彼は彼女を恋人にした。

という意味になります。

文型を判断するには次の約束事が役立ちます。

- 主語になるのは名詞だけ
- 目的語になるのは名詞だけ
- 他動詞には直後に目的語が必要
- 補語は形容詞か名詞のいずれか
- 副詞は主語にも動詞にも補語にも目的語にもならない

　　　　　　　　　　　　　　（副詞は文型に影響しない）

- 「前置詞＋名詞」は副詞として扱う

例えば、On a Sunday, she came home very tired. という文章に対しても（実は結構難しい英文です）、

と考えることで骨格はSVC（第2文型）で、「She came tired ≒ She was tired」であることがわかれば、「ある日曜日、彼女はとても疲れて帰宅した」と理解することはそれほど難しくはないでしょう。

　先ほど、品詞が決まっている単語と複数の品詞を持つ単語があるという話をしましたが、**品詞が決まっている単語は、文型の理解を助けてくれますし、反対に品詞の種類が複数ある単語は文型がその品詞を教えてくれます。**

　品詞を知り、基本5文型を理解することは、フィーリングや勘から卒業して、英語の構造を論理的に捉える第一歩になります。**英語は論理的な言語なので、論理的なアプローチが非常に大きな力を発揮します。**
　英文が（単語レベルで）訳せるからわかる、のではなく

　　英語（の構造）がわかるから訳せる

という境地を目指すことが英語学習の王道です。
［参考：伊藤和夫著『英文解釈教室（入門編）』］

英語を学習する目的

　ところで英語を勉強する目的はなんでしょうか？
　英語が理解できるようになれば、英語で書かれた多くの本が読めて、世界中の外国人とコミュニケーションが取れるようにもなります。英語ができれば、あなたの未来の可能性は大きく拡がることで

しょう。

　でも、英語を学ぶ目的はそれだけではありません。

　数学が「問題解決能力」を磨くためのものであったように、英語学習にも「生活能力」を超えた深淵な目的があります。この点については戦後の日本の英語教育を牽引されてきた故伊藤和夫先生が素晴らしいことをおっしゃっています。

「日本語と英語という二つの言語から等距離のところに身を置き、二つの鏡を映しあわせることによって、個々の言葉を離れた抽象的な思考領域と『物自体』の存在に気づかせることが、語学教育の第一の意味である。」（伊藤和夫著『予備校の英語』より）

　例えば先ほど紹介した命令文。
「英語では主語のない文章は命令文になる」ということを学んで初めて日本語の主語についても意識するようになった人は多いのではないでしょうか？

　伊藤先生がおっしゃる「二つの鏡を映しあわせる」とはそういうことです。

　ある国の言葉を学ぶことは、その国の文化を学ぶことです。母国語と外国語との共通点や差異を知れば、外国の文化についてはもちろん、自国の文化についても理解を深めることができます。日本の常識が外国では非常識になる場合があることも知るでしょう。

　真にグローバルな人間というのは、単に外国人と流暢にコミュニケーションが取れる人のことではありません。自国にも他国にも固執しない柔軟でしなやかな視点を持った人間のことを言います。

　英語の勉強を通して是非、そういう人になってください。

質問　「英語の勉強って、結局は単語と熟語と構文を覚えることですよね？」

永野　「中学英語の段階では、平易な内容の文章がほとんどなので、単語と熟語と多少の構文がわかっていれば何とかなります。

　でもだからと言って、単語と熟語と構文さえ暗記すればいいということにはなりません。

　脅(おど)すわけではありませんが、高校に進むと英文の内容は飛躍的に難しくなります。内容は抽象的・哲学的になり、個々の単語の意味をフィーリングで組み合わせて読み解くことがほぼ不可能になります。**感覚が通用しないからこそ、論理的に英文を捉え、英語の構造から意味を特定する、という能力が必要になるのです。**

　数学と同様に、英語の勉強においても**『なぜそういう意味になるのか』を考える**ことを忘れないでください。

　そうすれば、英語にも『ストーリー記憶』（124頁）を活用することができますし、多くの『構文』は覚えなくても、意味が取れるようにもなります。

　英文を、日本語を通してではなく、英語のまま理解するいわば『英語脳』を手に入れるためには、時間をかけて多くの英文に触れることと、構造から英文を捉えようとする姿勢が必要です。」

理科の勉強法

あなたは理科が好きでしょうか？

2015年に文部科学省が行った調査によると「理科の勉強が好き」と答えた生徒は、小6は83.5％であるのに対して、中3では61.9％まで減少するそうです。小学校では理科は人気教科なのに、中学の3年間でいわゆる「理科離れ」が起こっていることが伺えます。

観察や実験などの体験的学習が中心だった小学校の理科に比べて、中学の理科では理論的な授業が増えて内容の理解が難しくなるためだと言われていますが、僕は

中学生の「理科離れ」の一番の理由は、その中途半端さにある

と思っています。

中学になると、確かに理論的な内容は増えますが、それらを本質からしっかりと理解するためには、（主に数学的な）**「準備」が足りていません。**また、一つ一つを深く掘り下げるだけの時間も中学の理科では確保されていません。

だから、誤解を恐れずに言えば、

中学の理科はよくわからなくていい

のです。プロセスをしっかり見ようとする姿勢があればあるほど、わからなくて当たり前だと思います。中学の理科は「まだ、これは

序の口（いわば予告編）なのだ」というくらいの気持ちで取り組むのがちょうどいいです。きちんとした理解は高校以降の楽しみに取っておいてください。

　また、大学受験について言えば、数学や英語に比べて、理科はうんと短い時間で仕上げることができます。**焦る必要はまったくありません**。

　中学生のうちに理科を学ぶ一番の目的は、

好奇心を育てること

にあります。

　あなたの身の回りに起こる様々な自然現象の裏には実は法則（ルール）があって、それらは偶然ではなく、起こるべくして起きているのだということがわかるのは、興味深いことですよね？　空に虹がかかるのも、氷が水に浮くのも、あなたの血液型も、日本には四季があるのも、すべて理由があります。偶然でないのなら、その理由を知りたいと思うのはごく自然なことですから、理科ほど好奇心を直接刺激してくれる教科は他にないと僕は思っています。

　勉強をしていく上で、いや人間として生きていく上で、好奇心はもっとも大切なものです。好奇心は日々の活力となり、人を成長させます。

　僕は地球惑星物理学科というところを卒業しました。「地球惑星物理学」というのは、読んで字のごとく、地球や惑星の上で起こる様々な現象を、物理的手法を用いて解明する学問です。そこで、本書では特に僕が専門に学んだ物理と地学について、中学生のうちに知っておいてほしいことをお話したいと思います。

物理

「宇宙は数学という言語で書かれている。」

　これは、人類を代表する物理学者の一人であり、天文学者でもあった**ガリレオ・ガリレイ**の言葉です。

　僕は今、数学塾の塾長を務めていますが、実は僕が数学の力に魅了されたのは、物理を通してでした。あれは高校2年の夏。初めて参加した予備校の講習で、それまでは暗記するしかないと思っていた物理のたくさんの公式が、微分・積分を使って考えると、1本の太い幹に繋がる枝葉に過ぎないことがわかったのです。あのときの感動は今でもはっきりと覚えています。これほど美しくまた統一的に説明できるのだから、（僕は無宗教ですが）宇宙は神様が創りたもうたに違いないとさえ思いました。

　実際、19世紀くらいまでは数学と物理に明確な線引きはありませんでした。物理学者が重大な数学の定理を発見したり、その逆もあったりしました。数学は物理現象を解き明かすために発展してきた、という側面があります。

　中学生の間は、まだ数学の準備が足りないために、授業で習うほとんどを公式や知識として覚えなくてはいけない、というのが現実です。

　でも、高校に進学し、数学の準備が整えば、状況は一変します。実験的に得られた法則以外の公式は自分の手で証明できるようになります。そのときあなたはきっと物理現象を通じて数式の意味を理解し、数式からメッセージを読み取ることもできるようになるはず

です。数学が言葉であるというガリレオの言葉に深く納得もできるでしょう。どうぞ、そのときを楽しみに待っていてください。

……と、待たせるだけでは気の毒なので、中学数学の範囲で説明できる物理現象の一例として、**レンズの式**を取り上げたいと思います。

レンズの式、というのは、

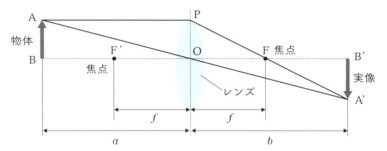

上の図において、レンズから物体までの距離をa、レンズから実像までの距離をb、レンズから焦点までの距離fとしたときに成り立つ、次の式のことです。

$$\frac{1}{a} + \frac{1}{b} = \frac{1}{f}$$

《レンズの式の証明》

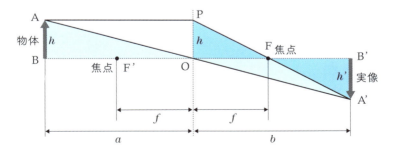

前頁の図において、

△OAB∽△OA'B' なので、

　　AB：OB = A'B'：OB'

　　⇒　$h : a = h' : b$

　　⇒　$bh = ah'$

　　⇒　$h' = \dfrac{b}{a} h$　…①

また、△FPO∽△FA'B' なので、

　　PO：FO = ：A'B'：FB'

　　⇒　$h : f = h' : b - f$

　　⇒　$(b - f)h = fh'$

　　⇒　$h' = \dfrac{b - f}{f} h$　…②

①、②より

　　$\dfrac{b}{a} h = \dfrac{b - f}{f} h$

　　⇒　$\dfrac{b}{a} = \dfrac{b - f}{f}$

　　⇒　$bf = (b - f)a$

　　⇒　$bf + af = ab$

両辺を abf で割ると

　　$\dfrac{1}{a} + \dfrac{1}{b} = \dfrac{1}{f}$

（終）

中学の理科でレンズの式を習う（あるいは、「レンズから物体までの距離がレンズから焦点までの距離の2倍のとき、物体と実像の大きさは同じになる」等の知識を教わる）のはふつう中学1年生のときで、図形の相似を習うのは中学3年生のときですから、レンズの式が証明できるようになるには習ってから2年ほど待たなくてはなりません。

　このように、特に物理は多くの場合、**「現象としては教わるけれど、その理由をちゃんと理解するには数学が間に合っていない」**という事情を抱えていることを理解しておいてください。だからこそ、数学の準備さえ整えば、物理は数学とまったく同様に、「プロセス」に注目することでその本質をつかめるようになります。

地 学

　地学を通して、地球や太陽系のことをきちんと知ることは、つきつめると

「自分はどこから来たのか」

という人類の究極の疑問に答えることに繋がります。

　太陽系の成り立ちを知ると地球に生命が生まれたことがどれだけ奇跡的なことなのかがよくわかります。そして、生命が海から陸にあがり、やがて知能を持つ人類へと進化したことはさらに奇跡が幾重にも重なった宇宙の神秘であることに気づくでしょう。

　中高の理科で地学が物理・化学・生物に比べるとややマイナーな科目になってしまっていることは大変残念なことだと思っていま

す。
　ただ、一方で日本は**国際地学オリンピック**において、2010年以降現在（2015年）まで**6年連続で金メダル**を獲得している「地学教育の先進国」でもあります。このことはもっと広く知られるべきです。

　高校の範囲までを含めると、理科の教科書にはそれぞれ、

　物理：20世紀初頭に展開された原子核物理まで
　化学：19世紀までに発見された内容
　生物：20世紀後半に進歩した免疫まで
　地学：21世紀に展開中のプルームテクトニクスまで

が載っています。つまり、

　大学進学前にもっとも最先端の科学が学べるのは地学

なのです。
　地球や宇宙についての研究はまだまだ発展途上にあり、中高の教科書に載せるべき基本的なことがらについても、確定していないことが少なくありません。そのため新しい事実が発見される度に中高の地学の教科書は改訂されます。

　地学が扱う範囲は非常に広いです。
　地球上の大気、海、陸のそれぞれは独立に存在しているわけではなく、お互いに関連を持っていて、地球全体は大きな1つのシステムになっています。そういった理解は、日々の天気や地震現象など

の予測に繋がります。また、地球の温暖化や砂漠化、エルニーニョ等による気候変動、あるいはオゾン層の崩壊などの環境問題に対しても地学の果たす役割は大きいです。

一方、20世紀以降続けられてきた宇宙開発によって、地学はその対象を地球だけではなく、人工衛星が行ける範囲全体をカバーするようになりました。

これらの研究を通じて、地球外生命体についての可能性や惑星の形成過程についての理解も深まりました。また地球や他の惑星にどのような未来が待っているかについての予測を立てることも可能になりつつあります。

今、世の中はグローバルな視点を持った人材を求めています。そうような人材になるために宇宙的な視点から地球を1つのシステムとして捉えることが大変有意義だと思うのは僕だけではないでしょう。

地学は一見、地味な教科に思えるかもしれません。

でも、ものいわぬ岩石から、いにしえのメッセージを受け取り、それを現代や未来に活かしていこうとするこの学問は実にロマンティックであり、地球規模の地殻や気候の変動はドラマティックです。

中学の理科で学ぶのはその一部ではありますが、地級惑星物理学科の卒業生として、地学に興味を持ってくれる人が1人でも多くなることを願っています。

Q&A

質問「理科の内容を本当に理解するためには、高校以降の勉強を待たなくてはいけないのはわかりましたが、高校入試に理科が必要です。どうしたらいいですか？」

永野「物理・化学・生物・地学のそれぞれで、勉強の姿勢は少しずつ違い、一般には次の図のように考えられます。

もちろん（これまで繰り返し強調してきたように）、暗記中心のものであっても、**プロセスを理解しようとする姿勢は忘れないでください。**それによって『覚えなくてもすむもの』が洗い出せるはずです。

ただ、本文中にもあるように、中学の段階では本質を理解するための準備が足りていないので、先生に質問したり、自分なりに調べたりしてもわからないものは、高校入試のためと割りきって覚えてしまうことも必要です。

また、教科書を中心に基本事項をおさえることはもちろん重要ですが、同時にいわゆる**『資料集』を活用する**ことも理科の勉強には欠かせません。資料集にある詳しい解説や、豊富な図表はあなたの理解を少なからず助けてくれるはずです。」

おわりに

　お疲れ様でした！
　まずは、この本を最後まで読んでくれたあなたのやる気と根気に心からの敬意と謝意を表したいと思います。

　「はじめに」にも書きました通り、この本は「自分の頭で考えられるようになるための勉強法」をまとめたものです。一部の塾で教えているような定期テストや高校入試を攻略するためだけの裏ワザ的なテクニックは皆無です（あなたがそのことにがっかりしていないことを願います）。

　勉強は定期テストや高校入試のためだけにあるのではありません。かつてガンジーは「明日死ぬかのように生きよ。永遠に生きるかのように学べ。」と言いました。

　明日死ぬかもしれないと思って、後悔のない毎日を過ごさなくてはいけない。確かにこれは大事なことです。でも明日死ぬかもしれないと思ったら、誰も勉強なんてしなくなってしまう。だから永遠の命があると思って学びなさい、とガンジーは言っています。

　ではなぜ人は学び続けなければいけないのでしょうか？

　勉強をやめてしまったら、そこであなたの成長と可能性が止まってしまうからです。こんなにもったいないことはありません。せっかくこの世に生を受けたのだから、自分のポテンシャルは最大限に引き出したいですよね？　本を読み、必要な情報を取捨選択しながら、学ぶべきことを吸収していくこと。それはあなたがこの世に生きた証とさえ言えると僕は思います。だから勉強は社会人になった後もずっと続けるべきなのです。

　こんな風に書くと、「え〜、そんなの嫌だなあ」と言われてしまいそうですが、僕がこの本でお話してきた勉強法は、勉強が好きに

なる方法でもあります。あなたが本当の意味で僕の言いたいことをつかんでくれていれば、そして実践の中でそれを確信に変えてくれれば、あなたにとって

勉強は喜びになる

はずです。そうなれば、人生においてこれほど強力なアドバンテージはありません。

　そして、あなたが本書の存在を忘れ、あなたなりの「勉強法」を確立してくれることも同時に期待します。

　193頁でも紹介した伊藤和夫氏は著書『英文解釈教室』の中で

「本書の説く思考法が諸君の無意識の世界に完全に沈み、諸君が本書のことを忘れ去るとき、本書の理想は達せられたことになる」

と書かれていますが、まさに僕も今同じ心境です。

　またお会いしましょう。

永野裕之

永野裕之（ながの・ひろゆき）

「永野数学塾」塾長。1974年、東京生まれ。高校2年の頃まで模試でE判定を取り続けていたが、東大教授の父から教わった勉強法により東大に合格する。東京大学理学部地球惑星物理学科卒業。同大学院宇宙科学研究所（現JAXA）中退。数学と物理学をこよなく愛する傍ら、レストラン経営に参画。日本ソムリエ協会公認のワインエキスパートの資格取得。さらにウィーン国立音楽大学指揮科に留学するなど、自身が身につけた勉強法を応用することで、多方面にその活動の場を拡げる。また、プロの家庭教師として100人以上の生徒にかかわった経験も生かして、神奈川県大和市に個別指導塾「永野数学塾」を開塾。分かりやすく熱のこもった指導ぶりがメディアでも紹介されて話題を呼び、キャンセル待ちが出るほどの人気塾となっている。主な著書に『大人のための数学勉強法』（ダイヤモンド社）、『東大教授の父が教えてくれた頭がよくなる勉強法』（PHPエディターズ・グループ）、『中学生からの数学「超」入門』（筑摩書房）がある。

中学生からの頭がよくなる勉強法

2016年4月1日　第1版第1刷発行

著者	永野裕之
発行者	清水卓智
発行所	株式会社PHPエディターズ・グループ
	〒135-0061　江東区豊洲5-6-52
	☎03-6204-2931
	http://www.peg.co.jp/
発売元	株式会社PHP研究所
	東京本部　〒135-8137　江東区豊洲5-6-52
	普及一部　☎03-3520-9630
	京都本部　〒601-8411
	京都市南区西九条北ノ内町11
	PHP INTERFACE http://www.php.co.jp/
印刷所 製本所	図書印刷株式会社

©Hiroyuki Nagano 2016 Printed in Japan　ISBN978-4-569-83001-8
※本書の無断複製（コピー・スキャン・デジタル化等）は著作権法で認められた場合を除き、禁じられています。また、本書を代行業者等に依頼してスキャンやデジタル化することは、いかなる場合でも認められておりません。
※落丁・乱丁本の場合は弊社制作管理部（☎03-3520-9626）へご連絡下さい。送料弊社負担にてお取り替えいたします。